世阿弥の世界

増田正造
Masuda Shozo

a pilot of wisdom

目次

はじめに　花とて、別にはなきものなり――11

第一章　序の段　スーパースター世阿弥の栄光――心より心に伝ふる花――13
ギリシャ劇と能と　演劇の誕生
スーパースター世阿弥十二歳
稀代の美少年・鬼夜叉
世阿弥が発見されて百年
世界につながる世阿弥――フランスとの交流の例

第二章　破の段　世阿弥の創った能――31
一、風の巻　能の本を書くことこの道の命なり――32
能役者が作者自身である能
能の著作権意識

附　五流と諸役
修羅能の位置
夢幻能の発明
スポンサーに阿ろうとしなかった能
世阿弥が能を悪くしたか
序破急五段の作劇術
「井筒」能の演劇世界
真の能の道やり　狂言方の語り
世阿弥の本説重視
闇とめでたさのバランス
附「砧」を読む
二、姿の巻　演劇としての能　動十分心　動七分身――
能面と世阿弥の謎　此の座の天神の面、大癋見、小癋見、皆赤鶴也
能の演戯　動十分心　動七分身

能の舞台　ことにことに橋がかりの遠見の風体
能の装束　女能には、小袖を長々と踏み含み
能の扇　扇にてもあれ　かざしにてもあれ
能の謡　一調・二機・三声
能の楽器と職制　今日の笛、ことにことに神変にて候ひつるなり
狂言　笑みの内に楽しみを含む

三、花の巻　世阿弥語録抄　初心忘るべからず――

離見の見
初心を忘るべからず
時の間にも、男時・女時とてあるべし
秘スレバ花ナリ。秘セズハ花ナルベカラズ
附　秘すれば花を逆手にとった現在の小書演出
花ト、面白キト、メヅラシキト、コレ三ツハ同ジ心ナリ
イヅレノ花カ散ラデ残ルベキ

物数を尽くして、しかも幽玄の風体ならんとなり

年寄ノ心ニハ、何事ヲモ若クシタガルモノナリ

上がる位を入舞にして、終に能下らず

附　能・老いの美学

怒レル風体ニセン時ハ、柔カナル心ヲ忘ルベカラズ

一切の事に、相応なくは成就あるべからず

ワガ心ニモ、今ホドニ執スルコトナシト、大事ニシテコノ態ヲスレバ

一期の堺ここなりと、生涯にかけて、能を捨てぬより外は、稽古あるべからず

附　能役者の人生カリキュラム

「善悪不二」。……ヨキ・悪シキトハ、ナニヲモテ定ムベキヤ

能は、若年より老後まで、習ひ徹るべし

命には終りあり。能には果てあるべからず

家、家にアラズ。継グヲモテ家トス

四、伝の巻　世阿弥流転　万一少し廃るる時分ありとも――――157
世阿弥生誕六百年祭の出来事　元雅抹殺とタイツ姿の世阿弥
山崎正和以降、舞台の世阿弥
父観阿弥と、嫡男元雅　死の謎
附　観世元雅「隅田川」と「唐船」
上嶋家文書の波紋
天覧能栄光の有無
世阿弥一家　陽の翳りと没落と
時代を超え過ぎた世阿弥
佐渡配流の謎
雨乞いの面と世阿弥腰掛けの石
佐渡配流自作自演説
世阿弥は帰洛したのか　作家の描くその死
『金島書』から「配所・佐渡の月」

第三章　急の段　世阿弥の継承　時に用いるをもて花と知るべし――203
『八帖本花伝書』の存在
家康が読んだ『風姿花伝』
武と能と世阿弥と
観世元章の改革と世阿弥
新作能のシテと世阿弥
名人は世阿弥を読んだか　梅若万三郎兄弟と喜多六平太の場合
世阿弥への回帰　観世寿夫
世阿弥復元の時代
世阿弥がだんだん遠くなる――
附祝言　世阿弥が咲かせた野の花　黒川能ほか
あとがき――240

世阿弥の伝書略解 242
世阿弥関係の能一覧 244
能の用語略解 251

扉・図版・巻末資料デザイン／MOTHER
＊記名以外の写真は、著者による

はじめに　花とて、別にはなきものなり

世阿弥は「花」を追求し続けた。

「花」とは美そのものであり、舞台の魅力である。しかし「花」という実態があるわけではない。花は散るからこそ美しいのだ。すべてはそのタイミングと、見る人との間《あわい》にこそある。「花とて、別にはなきものなり」。世阿弥の理論はかく明快である。「秘すれば花なり。秘せずば花なるべからず」。世阿弥は冷酷なまでに言い切る。現代は散らぬ技術の方向にばかり目を向け過ぎているのではあるまいか。

「世は定めなきこそいみじけれ」と兼好は言う。流動の間にすべてを見ようとする。私は世阿弥には『徒然草《つれづれぐさ》』の影響が大きいと考えている。もし世阿弥が先輩のこの書に触れなかったとしたら、中世におけるユニークな発想の相似に驚く。

第八段にこういう話が出てくる。久米《くめ》の仙人は空を自由に飛ぶことのできるほどの超人だったが、「物洗ふ女の脛《はぎ》の白き」を見て、地に墜《お》ちたという。普通ならば、それほどの仙人がと非難するだろうが、兼好法師は弁護側に立つ。男は薫物《たきもの》など女人が仮に身につけたものにさえ

「心ときめきするもの」だから、「まことに、手足・はだえなどのきよらに、肥《こ》え」、匂い立つ若さの花は「外《ほか》の色ならねば」、彼女自身の美しさだから、仙人が通力を失うのも、もっともだと。

しかし昔は女性が秘していたからこそ、脛の白さだけで仙人が墜ちてもくれたのではないか。

能はいかに隠すかを、何世紀にもわたって磨きあげた演劇である。

「良賈《りょうこ》（すぐれた商人）は深く蔵して虚《むな》しきがごとし」。老子の言葉であったか。

いかに表現しないことによって、より大きなテーマを表現するか。

ついこの間まで、退屈の代名詞のように言われ、敬遠されていた能が、今日これほどの盛況を見ているのは、もっぱら露《あらわ》す方向に、散らぬことがよいと振れ過ぎた時代の振り子が、逆の方向に動いているのではなかろうか。

『風姿花伝』ほかの世阿弥理論、そして能の表現は、現代における新たな「魅力の美学」の提唱である。

※引用が古典の場合は、読みやすさを優先させて、表記を変えた部分があります。現代文も、新字体、現代仮名遣いを原則とし、送り仮名も手を加えました。ご了承ください。

第一章　序の段

スーパースター世阿弥の栄光——心より心に伝ふる花

能面作家・入江美法作の世阿弥木像　佐渡・正法寺蔵

ギリシャ劇と能と　演劇の誕生

世界の文学は、ホメロスの『イリヤース』『オデッセイ』に始まると言う。遥《はる》かに何世紀かの後に、日本は『古事記』『日本書紀』を生んだ。神々の物語を英雄譚《たん》と重ねるならば、西欧とその原点は同じと見ることもできる。

ホメロスの叙事詩に続いて、ヨーロッパの文化は「演劇」を完成させる。ギリシャ悲劇である。仮面劇であることと、コロスという合唱団を擁すること、これは能との不思議な相似である。一九六五（昭和四〇）年、先代宗家観世元正《かんぜもとまさ》（左近《さこん》）、先代梅若六郎《うめわかろくろう》が、六千人の観客席を擁するアテネのヘロデス・アティコス古代劇場で「羽衣」「松風」「船弁慶」ほかの能を演じたのは、きわめて象徴的な出来事であった。

日本はやがて『万葉集』で叙情詩を完成し、『源氏物語』によって小説においては世界の大先進国となる。しかし演劇をその文化に加えるには、さらにさらに長い時間を経ねばならなかった。

世阿弥の名作「融《とおる》」の主人公、融の大臣《おとど》は光源氏のモデルとされるが、その父嵯峨天皇が死刑を廃止されて以来何百年、日本は血のにおいから遠かった。

源平の争乱、南北朝の確執。父と子が、朝廷までも敵味方に分かれて戦う修羅の世界を体験した中世は、同時に民衆が歴史に頭を擡《もた》げた時代でもあった。茶も花も日本家屋も、今日の生活の原型がここにある。人びとは集って平家琵琶に涙し、集団即興文芸である連歌に興じた。

民衆が集まるという高揚した時代の気運は、観阿弥・世阿弥父子の放ったスパークによって、鎮魂の演劇「能」を登場させる。演劇は日本の文化に残された最後のジャンルであった。しかしそれは七世紀近く現代に演じ継がれるという、希《け》有《う》な生命を持った。世界で現存する最古の演劇でありながら、もっとも新しい演劇の固有種である。芸術の未来を見せる前衛劇として、今世界の注目が熱い。

時間と空間を共有する観客なしでは成り立たぬ演劇は、文学や造形芸術とは根本的に異なる。その瞬間に消えていく厳しい宿命を負っている。生前ほとんど売れず、ピストルで胸を撃って自殺したと伝えられるゴッホは、今一枚の作品が百億単位で評価される。モディリアーニは、窮乏と荒廃の果てに死んだが、現代では美術全集の表紙を飾る。時代を先取りし過ぎた天才が、後世に評価されるという幸福を、演劇は期待することすらできないのだ。

能が時代を超える長い命を保った理由を挙げると、こうなろうか。

①父・観阿弥を継いで、世阿弥の確立した演劇理論の卓抜。
②人間の情念そのものを、後世「夢幻能」と呼ばれる形で凝縮した能のドラマ。
③能面を核とした表現技術の洗練。真四角の空間と橋がかりを持つ舞台哲学。

ギリシャ劇はしかし、あの針の落ちる音まで聞こえるという石の円形劇場と、壮大な戯曲を遺したまま、キリスト生誕以前に滅び去った。その遺跡の古代劇場へロデス・アティコスにおいて、ソポクレス作「オイディプウス王」を、狂言師であり世界の演劇人である野村萬斎《のむらまんさい》が演じたのは二〇〇四(平成一六)年。これも世界の演劇史に刻まれた一齣《ひとこま》であった。オリンピック開催を機に、ギリシャ政府招聘《しょうへい》による公演、カーテンコールが四回続いたという。

加えるならば、エウリピデスの「バッコスの信女」が、二千年の時間を経て、岩波ホールで一九七八(昭和五三)年、その死を目前に、観世寿夫《ひさお》がディオニソスを演じたことも記憶されねばならぬ。

観世寿夫は、世阿弥の再来とうたわれた能の演戯者である。

この「バッコスの信女」上演は、世界演劇の「却来《きやくらい》」現象であった。

却来とは、ぐるっと回って原点に戻ることで、上から見ると回帰現象だが、横から見ると螺《ら》旋《せん》階段のようにずっと次元が高くなっているという、世阿弥用語である。

スーパースター世阿弥十二歳

東京駅などに大きなポスターが掲げられていた。世阿弥がこのように宣伝に使われようとは想像もされなかった。

キャッチフレーズ「そうだ　京都、行こう。」は、今も続くＪＲ東海の人気キャンペーンである。清水寺に始まり、世阿弥は十七回に当たるＣＭ、相国寺《しょうこくじ》の伽藍《がらん》で、唐織姿《からおりすがた》の観世清和《きよかず》が舞っている姿だった。テレビでも「船弁慶」の舞姿が放映された。一九九七（平成九）年のことである。

スーパースター、世阿弥12歳。
プロデューサー、足利義満17歳。
「能」は六〇〇年前からブームです。
平成のアーティストの皆さん、「能」はずっとライブを続けていきますよ。
そうだ　京都、行こう。　ＪＲ東海

本当に世阿弥はスーパースターだった。能役者であるばかりでなく、能の作詞家であり、作曲家であり、音楽家であり、演出家であり、理論家であり、俳優であり、座の統率者であった。同時に足利義満という国家権力を背景としたスターであった。

能という新しい演劇をひっさげて京都に進出した観阿弥の座は、醍醐寺《だいごじ》で七日間の興行をうった。その評判はやがて青年将軍義満の耳に達する。脱皮した蝶《ちょう》のような輝きを義満は見た。今熊野における父子の演能である。

この応安七年、一三七四年が、能楽紀元元年となる。

権力はあっても、文化においては後塵《こうじん》を拝してきた武家の目が、貴族の持っていなかった演劇、そのみずみずしい芽を、義満は観阿弥父子の能に見たのである。

幼くして貴族的な教養を身につけ、しかもなお覇道に生きる野生を残していたこの若い将軍は、そのとき、今熊野神社の境内にたぶん異様に親しいものを発見したのにちがいない。それは教えられた貴族文化のなかには絶対に存在せず、しかしたいていの貴族芸術よりもさらに貴族的となりうる可能性を秘めた芸能であった。

（日本の名著『世阿弥』「変身の美学」　中央公論社　一九六九年）

世阿弥の役を、おそらく最初に演劇のステージに立たせた戯曲「世阿彌」の作家・山崎正和《やまざきまさかず》のあざやかな視点である。

能は、義満と観阿弥と世阿弥のトリプルプレーにより、時代を超える演劇として完成していく。

観阿、今熊野の能の時、申楽《さるがく》といふ事をば、将軍家（鹿苑院《ろくおんいん》）御覧じ初めらるる也《なり》。世子《ぜし》（世阿弥のこと）十二の年也。

（『世子六十以後申楽談儀』以下『申楽談儀』と略す）

稀代《きだい》の美少年・鬼夜叉《おにやしや》

義満が魅《ひ》かれたのは、新しい演劇と同時に、後の世阿弥、美少年・鬼夜叉であった。義満の寵童《ちょうどう》第一号。乞食《こつじき》同然の猿楽の輩《やから》と、将軍が並んで祭り見物をするばかりか、盃《さかずき》のやりとりをするとは何事かと、貴族が憤慨するほどの寵愛ぶりであった。

義満は次々と美少年を愛し、連れ歩くことを誇ったが、ほかの美童達と鬼夜叉が違うところは、恩寵に狎《な》れるだけではなく、大衆から身を起こした父の能を、貴族の鑑賞眼にもかなう高みにまで昇華させたことである。

義満は鬼夜叉に、二条良基《にじょうよしもと》という家庭教師をつけた。摂政・関白であり、連歌の大成者として名高い。少年時代の世阿弥は、最高の文化圏の中で教養を身につけていくのである。

栄光への道は、開かれるべくして開かれていた。

二条良基の惚《ほ》れ込みようは、藤若《ふじわか》という美しい名前をこの少年に贈るほどであった。氏《うじ》の名である「藤」の一字である。二条家は、近衛《このえ》、鷹司《たかつかさ》、九条、一条と共に、藤氏五摂家の家柄である。しかし美少年の名が鬼夜叉とは。なお世阿弥、世阿弥陀仏と法名を名乗るのは四十代以降。観世の「世」だから、セアミではなく濁ってゼアミと呼べというのは義満の指示によると、『申楽談儀』にある。

こんな美少年は見たことがない。本業の能はもちろん、連歌をやらせても蹴鞠《けまり》も抜群。将軍が賞翫《しょうがん》されるのももっともだ。凛々《りり》しくて、一目見ると心が「ほけほけ」する。ポーッとなるというのだ。また会いたい会いたい。六十過ぎた良基の熱烈な手紙が、第二次世界大戦後に発見された。「一読後は火中に」という添え書きに、宛名人が従わなかった幸いである。

世阿弥が小男だった、「躬《み》の長短《たけ》小」ということが判ったのも戦後のことである。一緒に禅を学んだ僧の講義ノートから発見された。父観阿弥のことを、大男だったが、女に扮《ふん》すると細々と見え、美少年の役は十五、六に見えたと世阿弥自身が書き残している。一九六三（昭和三八）年「世阿弥生誕六百年」、六本木の俳優座劇場で世阿弥を演じた千田是也《せんだこれや》も、かなりメタボ型の俳優であった。世阿弥が小男などとは誰も思いもしなかった。小男だったが、「起座足踏して節を成す」。節度があるとも解されるが、私は日常の動作にもリズム感があったと読みたい。

世阿弥自身『中楽談儀』の最後に語っている。自分が観阿弥に比べて「足利キタルニヨツテ、劣リタル也」と。技が効き過ぎるというのである。観阿弥を、「大万三郎《だいまんさぶろう》」と言われた先々代梅若万三郎のような「山をも崩す」という迫力あるタイプとすれば、世阿弥は十四世喜多六平太《きたろっぺいた》のような、小柄で抜群な表現力を持った役者だったのではあるまいか。

さて男色は当時というより、明治に至るまでむしろ日常のことであったらしい。薩摩《さつま》や会津《あいづ》など「制度化」までされていたという。明治政府は樹立後間もなく禁止令を出すが、すぐに実効力を失ったとされる。外国では古代ローマ時代から日常のことで、プラトンやレオナルド・ダヴィンチなども有名である。

杉本苑子《すぎもとそのこ》『華《はな》の碑文《ひぶん》―世阿弥元清』（中央公論社　一九七七年）では、むしろ義満以前の、寺の稚児勤めの過酷さが描かれ、山田風太郎『婆沙羅《ばさら》』（講談社　一九九〇年）に至っては、義満と世阿弥が一緒に獅子を舞いながら交わるという奇想天外な描写がある。

ＮＨＫの大河ドラマに「世阿弥を取り上げてほしい」という運動をしている人から聞いたことだが、義満との衆道《しゅどう》が倫理規定に触れるという。性的タブー自由化、女装タレント横行の時代を迎えた今ならばどうだろう。

「観阿弥生誕六百八十年　世阿弥生誕六百五十年」が二〇一三（平成二五）年、これを記念する東京銀座のデパート松屋の「観世宗家展」は七万人余を動員したが、このとき、この展覧会を主催した東映で映画「世阿弥」が企画された。脚本もでき、監督と主役も内定しながら実現しなかったのは、まことに口惜しい。これは男色以外の理由であったという。

黒澤明《くろさわあきら》監督ありせばの思いは深い。世阿弥をテーマにしたらどんな世界的な映画になったことだろう。喜多実《みのる》「翁」、後藤得三《ごとうとくぞう》「羽衣」から、「道成寺」に至るドキュメンタリー「能の美」は、黒澤脚本もできていたものの、資金難で実現しなかった。中尊寺《ちゅうそんじ》の舞台で監督自身カメラを回したという、喜多節世《さだよ》の舞う世阿弥の修羅能「八島《やしま》」が、唯一残されている。

世阿弥が発見されて百年

黒澤明監督の「蜘蛛巣城《くものすじょう》」は、能の様式で作られた映画として名高い。唐織風の打ち掛けを着て座す山田五十鈴《やまだいすず》は、動かぬ能の「居《い》グセ」のように毅然《きぜん》として美しかった。山田には中年の年代に用いる能面「曲見《しやくみ》」の演戯を、三船敏郎《みふねとしろう》には武将の面「平太《へいだ》」を想定するよう指示したという。

後年の映画「影武者」の、武田信玄の喪を秘しての凱旋祝賀薪能《たきぎのう》は美しいシーンだった。能は勝修羅《かち》の「田村」。「信玄め、よくもこの信長を三年もたばかったな」と、「人間五十年。化天《げてん》の内を比ぶれば。夢まぼろしのごとくなり」の「敦盛《あつもり》」の場面は、観世流の謡《うたい》と型で演じられた。

監督のテレビ談義、ドキュメンタリー番組は「黒澤明　風姿花伝」と名付けられた。もちろん世阿弥への心寄せにほかならない。その黒澤明監督が亡くなったとき、テレビは「世界で一番有名な日本人」として特集を組んだ。現在、世界の文化人にアンケートをとったら、世阿弥の名はかなり上位にランクされるのではなかろうか。

世界でもっとも高名な劇作家はシェークスピアであるが、世阿弥は、そのシェークスピアのちょうど二百年も先輩に当たるのだ。世阿弥が完成した能は、七世紀近く、ひとときも絶えることなく演じ継がれてきた。

江戸時代にも世阿弥の名は有名であり、能のほとんどは世阿弥の作であるとも思われていた。

しかし、世阿弥の全容が明らかになるには、一九〇九（明治四二）年の吉田東伍《よしだとうご》の世阿弥伝書発見を待たねばならなかった。伊藤博文がハルビンで暗殺され、両国に国技館が開館した年である。

『能楽古典世阿弥十六部集』。吉田博士は『大日本地名辞書』で著名なごとく、地理学者、歴史学者であり、日本音楽史にも造詣《ぞうけい》が深かった。

国学者の手にあった『申楽談儀』の翻刻がきっかけとなって、某華族から安田善次郎《やすだぜんじろう》の所蔵となっていた世阿弥の伝書が発見された。安田善次郎は安田財閥の祖であり、東大に寄贈した安田講堂にもその名が残る。この「松廼舎《まつのや》文庫」という日本屈指のコレクションは、関東大震災で失われた。吉田博士の『申楽談儀』に安田善次郎が気づかなかったら、世阿弥の真価は世に知られることなく埋もれてしまったかも知れなかった。これもドラマチックな出逢《であ》いと言わねばならぬ。余談だが、安田善次郎は、ジョン・レノンと結婚したオノ・ヨーコの曾祖父に当たる。

世阿弥の能が六世紀以上生き続けているにもかかわらず、その理論が世に知られて百年余。これもドラマではないか。

かつてユネスコが世界の芸術論十種を選び、英訳して出版したとき、日本を代表したのはもちろん世阿弥の『風姿花伝』であった。

『風姿花伝』は、世阿弥最初の伝書であるが、父観阿弥の教えを忠実に述べたものと再三語られている。しかしここまでは観阿弥理論、ここからは世阿弥理論という、父離れの決別の書ではなかったかと私は思う。二十三歳で父を失った世阿弥。『風姿花伝』を書いたのは四十前後。耳にしたときは理解できなかった父の教えも、世阿弥の中で熟成しただろう。そして後継者のためには、たとい世阿弥の考えた理論であっても、神のごとき演戯者であった観阿弥の言葉とした方が効き目があったに違いない。

たったひとりの真の後継者に、能の真実を伝えるために書かれた秘伝書が、今日能楽論としてばかりでなく、演劇論、芸術論から教育論、人生論として、広く読まれるようになった。現代人は「魅力の美学」として、斬新な発想に充《み》ち満ちていることに驚くだろう。

かつて「読者の選ぶ21世紀に伝える『あの一冊』」というアンケートの番外編として、二百人であったか、識者に問うた記事が読売新聞に載った。なんと『風姿花伝』が「日本の名著」第一位に選ばれた。そういう時代が来たかと感慨深かった。世阿弥が時代の視野に大きく入ったのである。

ちなみに「日本の文学」の第一位は『源氏物語』を抜いて『万葉集』、「世界の文学」はドストエフスキー『罪と罰』、「世界の名著」は孔子の『論語』であった。

世界につながる世阿弥——フランスとの交流の例

世阿弥の『風姿花伝』のフランス語訳が出版されたとき、パリの文化人はそれを書棚に加えることを一種のステイタスにしたと、現地の邦人に聞いた。一九六〇（昭和三五）年ころのことである。

能は世界各地で上演されるようになった。おそらくアフリカを除く国で。渡欧能の最初は、一九五四（昭和二九）年、イタリア、ベニスのビエンナーレ国際音楽祭への参加であった。私はここで国際交流の一例として、フランスと能のかかわりを振りかえってみたい。

『能楽古典世阿弥十六部集』の後、吉田東伍は、坪内逍遙《つぼうちしょうよう》、高田早苗と図って「謡曲文学研究会」を立ち上げる。そのメンバーに宣教師ノエル・ペリがあり、「老松・敦盛・卒塔婆小町《そとばこまち》・大原御幸・綾の鼓」「三輪・田村・江口・砧《きぬた》・松山鏡」の翻訳を残している。『複式夢幻能』を能作術の典型として紹介する視座もすでに確立している」と、後述する能のフランスとの交流のよき橋渡し役となった渡辺守章《わたなべもりあき》は指摘している。

ノエル・ペリの論述と翻訳に先導され、駐日フランス大使であった劇詩人ポール・クローデルは、大正から昭和にかけて、それこそ世阿弥が目指した幽玄の能が舞台に咲き競った時代に接した。その著『朝日の中の黒い鳥』の中の能のエッセイは、文庫本二十ページ足らずのものだが、これほど能の本質に迫った文章を、私は知らない。講談社学術文庫の一読を勧めたい。

一九五七（昭和三二）年、パリ文化祭に二度目の渡欧能。ベニスのときと同じく、喜多実と観世喜之《よしゆき》（先代）の二流混成であった。ひとつの流儀で行くほど、日本の経済は復興していなかったのである。

一九五九（昭和三四）年、フランス文化使節団として、「舞踏会の手帖」「望郷《ペペルモコ》」など、特に日本で名高い映画監督のジュリアン・デュビビエ、熱海のMOA美術館の薪能の舞台横に、作品の座像が立つ彫刻家のザッキン、日本美術に強い影響を受けたとされる画家のボナール夫妻が来日し、先代梅若万三郎の「熊野《ゆや》」を見た。日本に関係の深い芸術家達であったにもかかわらず、「能を見て死ぬほど退屈した。フランスへ帰ったならば、懲役をやめて毎日能を見せて精神的拷問を与えてやろう」と発言して物議をかもした。

その翌年、映画「天井桟敷の人々」の名優ジャン・ルイ・バロオが、国立劇団を率いて来日。飛行機を降りるなり「ゼアミ」「ユウゲン」を連呼したという。先述のクローデルの影響もあったろう。

そのころ観世寿夫・栄夫《ひでお》・静夫《しずお》兄弟らの華の会があり、私も同人のひとりだったが、主催者の朝日新聞社に能を見せる予定がないというので、公演がはねた深夜に招待能を催した。名曲の誉れ高い「熊野」で退屈したなら、もっと静かな「半蔀《はじとみ》」をと寿夫と相談して決めた。光源氏との束の間の恋を、あの世からいとおしむ夕顔の女の、幽玄能である。

そのとき、桜間竜馬《さくらまたつま》（金太郎）が舞囃子《まいばやし》で「熊坂」を舞った。バロオの第一の質問は、あのような激しい動きをする演者と、静かな中に力を蓄えている演者は、別系統に属するのかと。中国の京劇は、役柄によって専門が分けられている。どのようにも動ける役者が、じっとしているからこそ力があるのだと私が答えると、バロオはいたく感心の態であった。

この催しは大成功で、バロオは能を学びたくて観世寿夫を国費留学生としてパリに招いたのである。寿夫はマイムを習い、バロオは能を学んだ。バロオは能舞台を作って古典劇を演じ、さらにはレスリング場に四つの橋がかりを設けることまで試みた。その様式を観世寿夫は、大阪万博の鉄鋼館の「善知鳥《うとう》」に逆輸入している。

後年、能に詳しいシラク大統領は、修善寺《しゅぜんじ》あさば旅館の池の上の能舞台を、夫妻だけで借り切って梅若六郎（玄祥《げんしょう》）の「半蔀」を鑑賞された。バロオの見た曲目の所望であったろう。

エクス・アン・プロバンスの芸術大学の松林の中に、能舞台が建つ世の中となった。喜多流

「半蔀」を舞う観世寿夫

能舞台のジャン・ルイ・バロオ

の狩野琇鵬《かのしゅうほう》の寄贈になるもので、舞台抜《ひら》きには世阿弥作の「敦盛」が舞われ、フランスの前衛劇団による三島由紀夫の「金閣寺」が上演された。

エッフェル塔の下で薪能が催されるとか、フランス人が黒川能（山形県の農村が伝える別系統の能）の論文で博士号をとるとか、フランスとの強い絆《きずな》ばかりでなく、世阿弥の創り上げた能は、心から心に伝わり、世界から評価される時代となったのである。

第二章　破の段

世阿弥の創った能

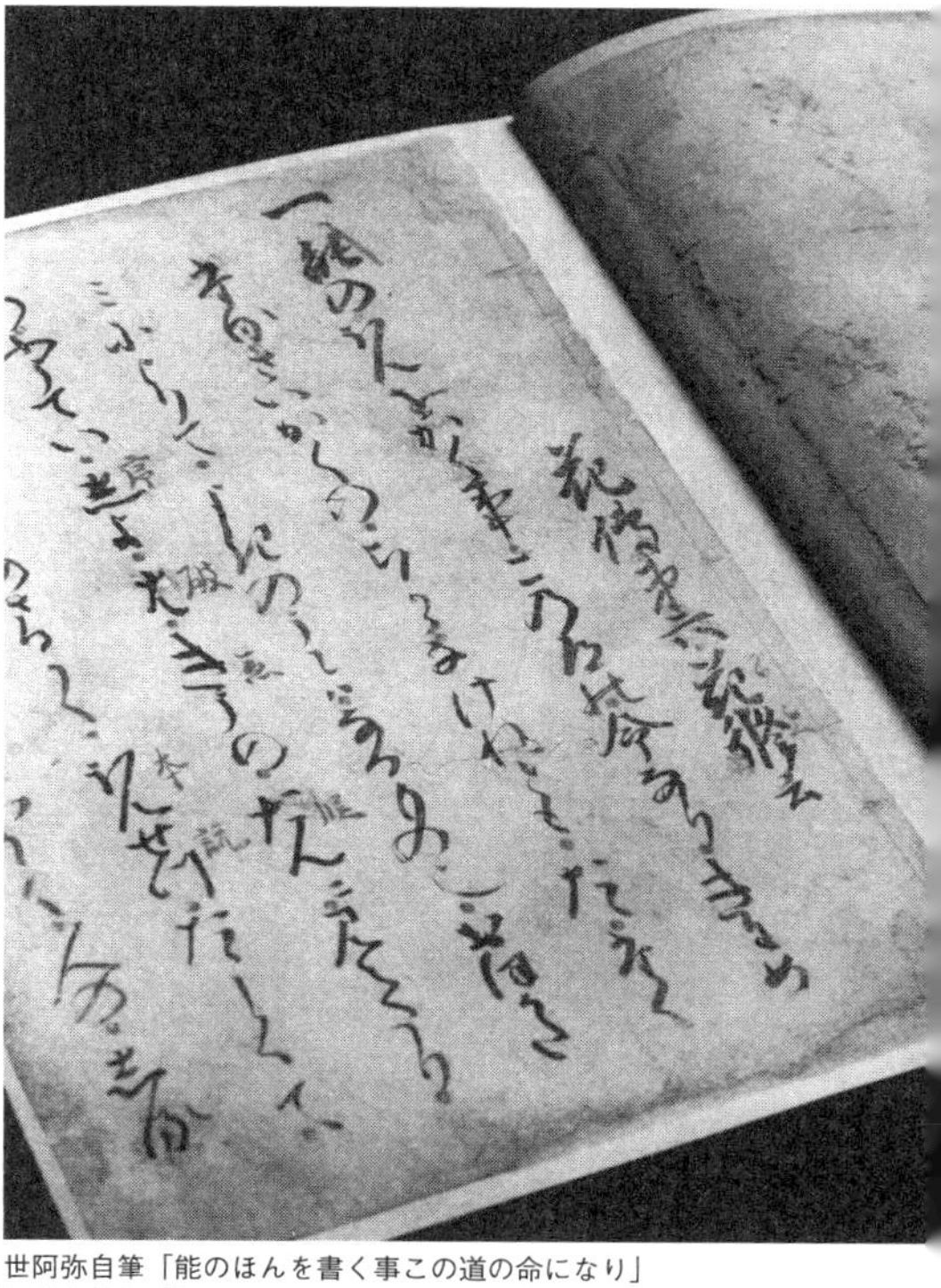

世阿弥自筆「能のほんを書く事この道の命になり」
観世宗家蔵『花伝第六・花修』　撮影／林義勝

一、風の巻　能の本を書くことこの道の命なり

能役者が作者自身である能

今日、我々が古典として継承している能は、

A　観阿弥　世阿弥　観世元雅《かんぜもとまさ》　金春禅竹《こんぱるぜんちく》　金春禅鳳《ぜんぽう》
B　小次郎信光《こじろうのぶみつ》　観世弥次郎《やじろう》
C　井阿弥《いあみ》　宮増《みやます》ほか

この三系列による五世代、二百年にわたる作品群である。二百六十番前後。能の驚くべきことは、その作品のほとんどが、脚本家ではなく、能役者自身の手によって書かれたということではないだろうか。こうした例は、世界にもなさそうだ。

自作の能を持つことが、ほかの座との勝負に勝ち抜くための武器であると世阿弥は強調し、

和歌をマスターさえすれば作能はたやすいとも説いている。

役者と作者の一体同心。これは能があまりに緊密なシステムの演劇として出発したために、作詞のときにはその作曲も、型付けも、演出も、同時進行する必要があったからではなかろうか。

後に、能に耽溺《たんでき》した豊臣秀吉が、側近の学者である祐筆《ゆうひつ》の大村由己《おおむらゆうこ》に自分を主人公とする能を書かせ、自ら演じた「豊公能《ほうこうのう》」や、あるいは布教の手段として能が用いられたという「切支丹能《きりしたんのう》」はあだ花に終わったが、豊臣秀頼は、父の追善に各座が新作を持ち寄って競演することを命じている。これはかなり注目すべき現象ではあるまいか。金春が「橘《たちばな》」、観世が「武王」、金剛が「孫思邈《そんしばく》」、宝生《ほうしょう》は「太子」。いずれも今日に伝承されていない曲目である。つまり当時までは、世阿弥の言うように、能は新作が命だったのだ。

能を幕府の正式な芸能「式楽」として定めた徳川氏は、大きく方向を変える。「万事古法に従うべし」と能を古典化し、江戸時代に新しく編入された正式な演目は、観世流の「梅」一曲に限られる。

明治以降、観世流が「楠露《くすのつゆ》」を正式演目に加えたが、これは時局便乗の能であり、メーテルリンク作「タンタジールの死」の翻案の高浜虚子《たかはまきょし》作「鉄門」に始まる芸術的な新作運動は、作者土岐善麿《ときぜんまろ》と演者喜多実《きたみのる》の二人三脚と言うべき「夢殿《ゆめどの》」「青衣女人《しょうえのにょにん》」「実朝《さねとも》」「鶴」ほかが主流をなし、第二次大戦後は、免疫学の権威多田富雄《ただとみお》の、脳死を扱った「無明《むみょう》の井」、強制連行の朝鮮労働者の悲哀を描く「望恨歌」、アインシュタインの相対性理論を主題とした「一石仙《いっせき》人」、広島の原爆被爆の「原爆忌」など現代をテーマとする作品、近くは法政大学能楽研究所所長を勤めた西野春雄《にしのはるお》の「ジャンヌ・ダルク」の能が、先述のエクス・アン・プロバンスの能舞台で上演されている。

「能は、この世のことをあの世からの視点で描き、人間界を動植物界からの視点で描くという、世界でも最も興味ぶかい演劇形式の一つです」とするヤドヴィガ・ロドヴィッチ＝チェホフスカ駐日ポーランド大使の新作能「調律師—ショパンの能」がワルシャワで、観世銕之丞《てつのじょう》により公演された（東京の新宿御苑、森の薪能は、デング熱発生のため中止となった）。

このように能の新作活動はさまざまに展開するが、これらは一括して「新作能」と呼ばれている。流儀の正式レパートリーに準じている喜多流以外、再演されることは少ないのが現状であるが、新作能の作者に能楽師の多いことも注目される。これも世阿弥以来の血統であろうか。

古作の能でも、「悪《わろ》きところをば除き、よきことを入れられければ、皆世子の作なるべし」と『申楽談儀《さるがくだんぎ》』にあるところを見ると、手を入れれば自分の作品だという意識であったらしい。世阿弥と言うより、能における著作権の問題はどう考えればいいのだろう。

「井筒」は確かに世阿弥の作である。初演を果たしたのも世阿弥に違いない。しかし「井筒」を観世流だけが独占して継承しているわけではない。五流共通のレパートリーになっているのはどうしたいきさつなのだろうか。金春禅竹の能を金春流だけが演じているわけではないのだ。

自作の作品を持たぬのは、戦場で武器のないのと同じとまで世阿弥は力説している。それならばなぜ、五流に演じられる曲目が圧倒的に多いという「寛容」をどう考えるべきなのだろう。

原作者は初演権だけで、後の上演は自由だったのだろうか。大和申楽という連帯感の中で処理されたのだろうか。録音などの手段のない時代だから、台本を貰《もら》わないと上演は難しいが、その辺の授受関係がトンと判らぬ。酒一樽《たる》の挨拶で済んだのだろうか。

世に「道成寺」は金春流の能だと言い伝えられている。金春流の後《のち》シテの赤頭《あかがしら》に遠慮して、ほかの流儀は鬘《かづら》のまま舞うのだと。金剛は「絵馬」は流儀の能として大事にしている。共に原作者とは別の伝承である。

喜多流は江戸初期に将軍・秀忠のお声がかりで生まれたただひとつの新しい流儀だが、そのころにすでに能の演目は、共通財産として認識されていたのだろう。喜多流が新しい能の作品をひっさげて登場したわけではないのだ。

今日ひとつの流儀にしか継承されていない能は、五流合わせて三十番ほどあるが、これは自分の流儀だけという主張ではなく、むしろほかの流儀が廃曲にした例が多いのである。

江戸期には十五世観世元章《もとあきら》が、賀茂真淵《かものまぶち》らの国学者と協力して作った「梅」が、正式演目に登録された唯一の例であり、この時代には観世流独自の曲という意識になっていたことが判る。

第二次大戦後の喜多実と土岐善麿の協力による新作能は、「喜多流曲名総覧」に記載されているので、新作を正式演目として認めている唯一の流儀と言えようか。もちろんほかの流儀が無断で上演することはない。

附　五流と諸役

豊臣体制ならば金春流がトップに立ったろうが、徳川と密接だった観世流が江戸初期から五流の筆頭となり、現在もすべての能専業者の過半数を超える勢力を持つ。観世は流麗、宝生は重厚、金春は古雅、金剛は華麗、喜多は剛健などと言われてきたが、近年流儀の差は狭まる傾向にある。この五流がシテ方。あらゆる役に扮《ふん》し、地謡《じうたい》もシテ方の職能。ワキ方は現実の男性のみを勤める専門職、囃子方《はやしかた》は笛、小鼓《こつづみ》・大鼓《おおつづみ》・太鼓《たいこ》はそれぞれの役が専業。ほかの役を兼ねることはまったくない。伴奏音楽ではなく、シテと拮抗《きっこう》する役。狂言方は狂言を演ずるだけではなく、能の中の役としても参加する。ワキ方、囃子方、狂言方を総括して三役と呼ぶ。かつては座の専属であったが、明治以降はシテ方と三役は自由な組み合わせで舞台を勤める。それぞれ流儀に分かれ、宗家によって統率されるが、宗家制度自体も変化しつつある。

能楽師のすべてを包括する能楽協会は、二〇一五（平成二七）年四月時点で千二百二十二人の会員を擁する。歌舞伎における松竹のような組織はなく、大きなスポンサーも皆無、個人の努力に近い形で催しが行われている。設立三十余年を経た国立能楽堂による催しも盛んで、後継者養成事業も行われている。世襲制でもあるが、個人の実力がそのまま評価される世界であることも特筆に価《あたい》する。

修羅能の位置

天上、人間、修羅、畜生、餓鬼、地獄。

六道輪廻《ろくどうりんね》の思想は、もちろん能を貫いている。

『源氏物語』とほぼ同じころに書かれた『往生要集』は、精緻なその設計図を書いた。地獄など実に魅力的である。ただ修羅だけはごくごく簡単な描写に終わっている。いつも雷が鳴って、恐怖にさらされる状態とばかりで、地獄の詳細を極める具体性とは天地の差がある。

私は平安初期には、修羅の概念が確立していなかったのだと思う。親子が、兄弟が殺し合う源平から南北朝の戦いを体験した日本人が、修羅道をそれこそ実感したに違いない。その時代の空気の中で、世阿弥は戦いをした者はあの世で呻吟《しんぎん》せねばならぬという、独自の修羅能を創り上げていったのではないか。

それは非業の死を遂げたものへの、鎮魂の想いにほかならない。

「神・男・女・狂・鬼」。誰が言ったのか判らないが、簡にして要、うまい表現だ。これは能の「籍」であり、分類であり、上演順も決めて今日に至る。

神の祝福のめでたい初番目物《しょばんめもの》に始まり、その凛《りん》とした強さは武人の能の二番目に受け継がれる。人間でつながる次が女性をシテとする幽玄能の三番目物である。物狂いに代表される四番目物は、雑能物とも呼ばれるように一、二、三、五の分類に入りきれぬすべての曲目を包括する。五番目の鬼の能は強く早く華やかなフィナーレである。「翁」が上演される場合は、一日の最初と決まっている。

二番目の修羅能は、五分の一の重さを占めながら、総数十六番と、極端に数が少ない。同時に世阿弥作の曲目のパーセンテージが、ほぼ半数と、群を抜いて高いのである。

世阿弥以前の修羅能は、仏敵である阿修羅が武人に取り憑《つ》いて荒れ狂う態の能であったらしい。「よくすれども、面白き所稀なり。さのみにはすまじき也。但《ただし》、源平などの名のある人の事を、花鳥風月に作り寄せて、能よければ、何よりもまた面白し」(『風姿花伝』物学《ものまね》条々)。それを今日の修羅能に仕上げていったのが世阿弥であった。

世阿弥の幽霊の出し方を考えてみよう。

「井筒」の女が思い出の場所で恋のすべてを反芻《はんすう》するのは、何百年を経た今年の秋でもよいのである。ところが修羅能の幽霊の登場は、時期が特定されていることに注目したい。

「清経《きよつね》」の亡霊は、入水した報告をする家臣が、都に着いた夜の妻の夢の中に現れる。もっとも現れるのが早い例である。

「敦盛《あつもり》」は、加害者である熊谷次郎直実《くまがいじろうなおざね》が、蓮生《れんしょう》法師となって弔いのために須磨の浦を訪れた時点である。

「八島《やしま》」の場合は、「あっぱれ大将やと見えし。今のやうに思ひ出でられて候《そうろう》」、つまり戦いの目撃者が生存している時間帯なのである。

「翁」

聖徳太子時代に遡る神聖な芸能。
若さを代表する「千歳」。
白い「翁」の天下泰平の祈り。
狂言の役者が受け持つ「三番叟」
大地を踏みしめる躍動の舞と
五穀豊穣を祈る黒い翁。

千歳

観世三郎太　三番叟／野村萬斎　観世能楽堂

世阿弥関係の能

「高砂」

辰巳満次郎　宝生能楽堂

「屋島」

梅若玄祥　大濠公園能楽堂

「井筒」

金剛永謹　身曾岐神社能楽殿

「伯母捨」

金春安明　国立能楽堂

三番叟

野村萬斎　観世能楽堂

翁

観世清和　小鼓／大倉源次郎　観世能楽堂

「丹後物狂」

観世清和　観世三郎太　天橋立知恩寺

「葵上」

観世清和　森常好　周南市ホール

「恋重荷」

関根祥六　観世能楽堂

「鵜飼」

友枝昭世　観世能楽堂

「忠度《ただのり》」は、勅撰集への入集を依頼した藤原俊成《ふじわらのとしなり》が亡くなり、その後継者の定家《ていか》に作者名を明らかにしてほしいと、俊成の身内にいた男が出家して通りかかるのを待ち受けて訴えるのである。

「頼政《よりまさ》」は、彼の戦死した命日に旅僧に回向を依頼するので、年代は不明である。

「実盛《さねもり》」は、もっとも遅く現れる幽霊である。白髪を黒く染めて討ち死にし、その首を洗った池のほとりに、なぜか二百年経って現れる。しかも遊行《ゆぎょう》の上人にだけ姿が見え、ほかの人はなぜ日中になると上人が独り言を言うのかと不審する。それが都に伝えられ、満済准后《まんさいじゅごう》が日記に「事実とすれば不思議なことだ」と書き記している。この一四一四（応永二一）年のニュースをすぐに世阿弥が能に創ったのだから、珍しく成立年代がはっきりしている能の例である。

修羅能は、世阿弥が晩年、「井筒」や「桧垣《ひがき》」のような珠玉の夢幻能を完成するための試行錯誤のプロセスではなかったか。特に「桧垣」は、美の奢《おご》りのために地獄に堕《お》ちた舞姫が、地獄から生きていた老いた時代を、その老いの時点からさらに華やかな時代を回想するという、言わば夢幻能の二重構造に成功した、世阿弥畢生《ひっせい》の名作である。

世阿弥の『風姿花伝』によると、女・老人・直面《ひためん》・物狂・法師・修羅・神・鬼・唐事《からごと》と九分類である。後に世阿弥はさらに圧縮をかけて、「老・女・軍」の三体とした。ともかく削っていくのが能の理念であり、単純が複雑化する西欧とは、逆方向に発達したのが能であった。

夢幻能の発明

我々は今生きている。そしていつかは死ぬ。

つまり「生」の地点に立って「死」を見ているのだ。「死」を原点にして「生」の時間を眺めたらどうなるだろう。こういう逆転の発想を日本の文学に持ち込んだのが兼好法師の『徒然《つれづれ》草《ぐさ》』である。永遠の命があったとしたらどうだろう。「もののあはれ」などがありうるだろうか。

「世は定めなきこそいみじけれ」。「はじめに」で述べたように、開き直った無常観である。死があるからこそ生の時間が輝く。無常だからこそ一瞬一瞬が尊いのだ。これが兼好の提唱であった。

世阿弥は兼好の一世代よりもう少し後輩に当たる。私は大きな影響を受けていると思う。『徒然草』は江戸に至るまで読まれなかったともされる。しかし義満の図書館にはあったかもしれぬ。もし世阿弥が『徒然草』を読んでいないとしても、後の章に述べる映画的発想と共に、中世のこの相似はたいそう興味深い。

世阿弥はさらに原点を死後何百年の位置においた。「死」をフィルターにしたのである。そこから自分の人生を眺めるとどうなるか。例えば五十年の時間は極端なまでに凝縮されるはずである。そうして生きている間は見ることのできなかった、自分を動かしていた「運命」をも遠望できる時間的距離を占めえたのである。

これが今日「夢幻能」と呼ばれる、能のドラマの作り方である。

舞台に亡霊や神や鬼など異次元の存在が登場するのは、あるいは原始的な芸能のスタイルであったかもしれないが、それを今日、世界から前衛的と評価される演劇に磨きあげたのは世阿弥であった。

夢幻能こそは世阿弥最大の「発明」である。夢幻能という言葉は、昭和の初期に『謡曲大観』という全曲目の現代語訳、現代に至るまで誰も成しえていない偉業を遂げた佐成謙太郎《さなりけんたろう》の造語とされる。「現在能」に対する言葉だ。

現在能は普通の演劇のように、現実の時間と空間の中で進行する能である。「安宅《あたか》」は山伏に身をやつした義経主従の逃避行の再現である。「隅田川」には人買いに攫《さら》われて川縁《かわべり》で死んだ少年の亡霊が登場するが、これは母親の幻覚の中の幽霊だから、「隅田川」は現在能である。

「井筒」のように、旅僧の見た夢であったというストーリーだと説明に具合がよいが、「葵《あおいの》上《うえ》」の生霊《いきりょう》は、夢の中の物語ではなく、光源氏の妻を実際に取り殺そうとするのだ。準夢幻能とか夢幻的現在能とか煩雑な名前を考える人もあるが、私は非現実的な、異次元の存在が登場する能を、漠然と夢幻能と呼んではどうかと提案したい。

「砧《きぬた》」のように前半は閨怨《けいえん》を訴える妻の現実の時間であり、後半が地獄から恨みを訴えにやってくる亡霊という名作もあるが、能の長い時間の流れの中で、夢幻能の優位は絶対であった。「安宅」を見事に演じようという思いよりも、能役者は一生に一度でもよいから「井筒」を完璧に舞いたいと願っているのである。

世阿弥の幽玄重視の夢幻能によって、日本の演劇は演劇としての正当な発展が妨げられたとする武智鉄二《たけちてつじ》のような逆説的評価もある。確かに後世の人形浄瑠璃も歌舞伎も、音楽劇として、「語り物」の能の方向を踏襲し、再現写実の西欧演劇の形とは大きく異なるのは事実である。

しかし、この夢幻能の発想と完成こそが、能の「極北の演劇」としての孤峰を高からしめていることは否定できない。

スポンサーに阿《おもね》ろうとしなかった能

大和国春日《かすがの》御《ご》神事《じんじに》相《あい》随《したがう》申楽四座

外山《とび》　結崎《ゆうざき》　坂戸　円満井《えんまんい》

（『風姿花伝』神儀《しんぎに》云《いわく》）

喜多流は江戸時代に将軍のお声がかりによって新しく生まれた流儀だが、観世（結崎）・金春（円満井）・宝生（外山）・金剛（坂戸）の四座は、大和の春日神社、つまり奈良の興福寺に属していた芸能集団であった。

能は宗教性の濃い演劇であるが、なぜ寺社の庇護《ひご》下にありながら宗教者をシテとする能を創らなかったのか。宗教宣伝劇としては、まことに無能なのである。日蓮や親鸞《しんらん》、キリストやパウロまでが能舞台のシテとなって舞うのは、実は第二次世界大戦後のまったく新しい傾向である。宗教者は多くワキ、主人公を弔う側であった。

次のスポンサーは武家であった。それなのに、なぜ武人をシテとする修羅物のジャンルに、戦いに勝ってめでたいという能を創らなかったのか。あるいは創らせなかったのか。

「勝修羅《かち》三番」と呼ばれる、「八島」の義経も、「箙《えびら》」の梶原源太も、戦勝側に属しているだけで、その魂は修羅道に堕《お》ちて苦しんでいる。「田村」は、清水寺を建立した坂上田村麿が、千手観音の力を得て鬼神を退治する能だから、人間同士の戦いではない。後は全部負修羅《まけ》、愛する者と離れ、戦死した後も修羅道に呻吟せねばならぬ。能を後援した武家階級が、なぜこのような暗いテーマの舞台を見ていたのだろうか。創る側も見る側も、鎮魂の想いを優先させたのであろうか。天皇の治まる御代はめでたいという描写の能はあっても、将軍を直接讃《たた》えた能は、一番もありはしないのだ。「弓八幡《ゆみやわた》」が新たな将軍職についた祝いに迎合した世阿弥の作ともされるが、これとて弓が錦の袋に収められた平和を礼賛する能で、「当御代《とうごだい》の初《はじ》めのために」書いたとある『申楽談儀』の記載も、当代が義持か義教か、あるいは石清水八幡宮の神主のことかと説が分かれる。

江戸時代になって、なぜ神君家康公を、神とあがめる新作を創らせなかったのだろうか。

大日本忠霊顕彰会の委嘱により観世流が創った「忠霊」や、潜水艦勤務の佐古少尉原作の「皇軍艦《みいくさぶね》」などが上演されたのは、第二次大戦中のことである。そのころ少年であった先代宗家観世元正《もとまさ》(左近)は、シテの観世華雪《かせつ》に負けぬツレを勤めている(レコードあり)が、後に「観世は大きい流儀だけに、大政翼賛的にならざるをえなくて」と苦笑しつつ語ったものである。しかし、この戦時中の能とて、「忠霊」は国難に殉じた若者の鎮魂歌であり、「皇軍艦」は、神の試練の嵐を乗り切る、「嵐は猛《たけ》り巨浪は吼《ほ》ゆる海上に。揉《も》まれ揉まれてさしもの艦《ふね》も。今は危く見えたりしが。霹靂一声《へきれきいっせい》雷雲裂けて。天日皓々《てんじつこうこう》輝き渡り。紺碧《こんぺき》の海は。展《ひら》けたり」というもので、「米英撃滅」という線とはほど遠かった。

戦さを賛美しなかった世阿弥の修羅能の精神は、確かに継承されていたのである。

世阿弥が能を悪くしたか

第二次大戦後の演劇界に旋風を巻き起こした演出の鬼才武智鉄二は、能においても金春光太郎《みつたろう》（八条）、狂言の善竹弥五郎《ぜんちくやごろう》の芸位を世に称揚し、「夕鶴」「彦市ばなし」「綾の鼓」「月に憑かれたピエロ」「智恵子抄」などで、能や狂言の役者に内在する力を見事に結晶させた。現在のようになんでもありの「コラボレーション時代」ではなかった。観世寿夫《ひさお》・榮夫《ひでお》・静夫《しずお》（八世銕之丞）三兄弟、野村万之丞《のむらまんのじょう》（萬）・野村万作《まんさく》兄弟、茂山千五郎《しげやませんごろう》（千作《せんさく》）・茂山千之丞《せんのじょう》兄弟らの、破門覚悟の挑戦であった。当時はそれほど、能と狂言の純潔を固守する規制は厳しかった。

武智鉄二は、ある座談会でこう言っている（『武智歌舞伎⑥　演劇研究』）。

「能が幽玄ということを取り入れたことが、同時に能が演劇として大きな限界を担うことになったのだと考えています。それで私は、世阿弥が能を悪くしたと、しょっちゅう言っているわけですが、能と狂言からなにを摂取するか、能の女面とは能の幽玄性を最も端的に表現しているわけなのですが」。これは木下順二《きのしたじゅんじ》作「夕鶴」のつうの役を、片山博太郎《かたやまひろたろう》（幽雪《ゆうせつ》）が演じた限界についての発言で、物まねを捨てて「能が幽玄性を持ったということは、能が滅びたということなのです」とまで論じている。

仮に『風姿花伝』と『花鏡《かきょう》』における、幽玄と物まねの用語の頻度数を比較すると、『花鏡』では幽玄の用例が二・六倍に増えている。物まねは二十七例から八例に減少している。

確かに観阿弥の「自然居士《じねんこじ》」や、観世元雅の「隅田川」の路線を後世が継承していたならば、文楽も歌舞伎も、また能も、西欧的な展開をしたのではなかろうか。

しかし、世阿弥の幽玄路線である「井筒」「野宮」「定家」「姨捨《おばすて》」「桧垣」の類の能が至り得た高さこそが、能そのものであることは、まぎれもない事実である。その後の能（能の創作は室町末期でいったん途絶える）も、新作能（明治以降の作品を能ではこう呼ぶ）も、これを超えることがなかった。

序破急五段の作劇術

三島由紀夫は能に深く沈潜した作家だが、『英霊の聲』（河出文庫　二〇〇五年）にこの能の構成様式をそのままに用いて、「死後の世界を描いて、狙って殺された人間の苦患の悲劇をあらわそうと試みた」という目的通り、密度の高い作品になっている。

序破急とは、雅楽の考え方に発し、世阿弥によって言わば哲学的なまでに展開された概念である。能のすべては、この序破急の「理念」とも言える様式で構築されていると言ってよい。『花鏡』で世阿弥は、「序」は「本風」であり、「破」は「序を破りて細《こま》やけて色々を尽くす」、「急」はその「揚句（最終部分）」で、「破を尽くす所の名残」と説いている。つまり導入部と展開部と終結部という考え方だが、一日の演能の展開には序破急があり、一番の能の構成にも、演じ方にも序破急があり、橋がかりを出る演戯者も序破急に従い、一足出る運びの中にも、一句の謡《うたい》の中にも序破急がある。

『拾玉得花《しゅうぎょくとくか》』に「其番数の次第次第、一番づつの内にも、序破急成就あるべし。又、一舞・一音の内にも、面白きは序破急成就也《なり》。舞袖の一指、足踏の一響にも序破急あり」と説くように無限に連鎖する入れ子構造の考え方である。

「面白きは序破急成就也」。簡単に言えば加速度のつけ方の面白さである。次第にのっていく生理的快感である。ちなみに「ノリ」という言葉は能から出た言葉である。

こういう経験をした。「二人静《ふたりしずか》」の能である。静御前の霊が菜摘みの女に取り憑いて、まったく同じ扮装《ふんそう》で同じ型で舞うのである。桜間《さくらま》金太郎（弓川《きゅうせん》）と桜間竜馬《たつま》（金太郎）。名人とその長男。息子とて決して凡庸の役者ではなかったが、違うのである。ふたりが並んだまま舞台正面にスッと出る。それだけの動きなのに名人は格段に面白いのだ。つまり序破急のつけ方の差をまざまざと見たのである。

観世寿夫・静夫（八世銕之丞）兄弟の「猩々乱《しょうじょうみだれ》」の双之舞《そうのまい》でも同様であった。これもまったく同装で同じに舞う。振られる赤い頭《かしら》の髪の毛の一本一本まで、寿夫の演戯には序破急の配分が見えるのであった。

次に『三道（能作書）』で説く一曲の構成原理としての序破急の分類に従って「井筒」の能を語ってみる。曲によっては世阿弥が述べるように「序破急五段」の原理に当てはまらず、「本説の体分によりて、六段ある事もあるべし。又は品によりて、一段足らで、四段などある能もあるべし」。このバリエーションも当然ありうるが、序破急のバランスは、導入の序が一段、展開部の破の三段、フィナーレの終結部である急一段が原則である。

「井筒」能の演劇世界

ここで世阿弥の代表作「井筒」をとりあげ、能の構成を具体的に見てみよう。

①　序

開口人《かいこにん》出でて、さし声より、次第。ひと歌ひまで一段。

ワキ「これは諸国一見の僧にて候。我この程は南都七堂に参りて候。又これより初瀬《はつせ》に参らばやと存じ候。これなる寺を人に尋ねて候へば。在原寺《ありわらでら》とかや申し候程に。立ち寄り一見せばやと思ひ候

〽さてはこの在原寺は。いにしへ業平紀《なりひらき》の有常《ありつね》の息女。夫婦住み給ひし石《いそ》の上《かみ》なるべし。風吹けば沖つ白浪竜田山《たつたやま》と詠じけんも。この所にての事なるべし

〽昔語りの跡訪《と》へば。その業平の友とせし。紀の有常の常なき世。妹背《いもせ》をかけて。弔らはん妹背をかけて弔らはん

流儀によって「諸国一見の僧」は「一所不住の僧」。漂泊者としてのイメージは後者が勝る。能のワキは世阿弥時代にはシテ方と分かれていなかったが、旅の僧は古典の夢を見るにもっともふさわしい選択である。まず流離の人という詩的なイメージ。世間の階層とは別に生きる自由人。古典の知識のある教養人。そして「井筒」の場合のシテは救済を求めないけれども、あの世からの妄執の訴えを救いうる宗教者でもある。

「紀の有常の常なき世」。有常、つまり常にあるという名前の有常も無常の風に誘われてというのは、業平の友達であった有常と、その娘が幼な馴染《なじ》みという矛盾をおかしている。能はかく「秀句優先」の弊もある（なお謡の本文の「はコトバの部分を、〽は節のついた詠唱部分を示す）。

② 破の前段

これより破。さて為手《して》の出でて、一声《いっせい》より一《ひと》歌ひまで一段。

シテ〽暁《あかつきごと》毎の閼伽《あか》の水。あかつき毎の閼伽の水。月も心や澄ますらん

〽さなきだに物の淋《さみ》しき秋の夜の。人目稀《まれ》なる古寺《ふるてら》の。庭の松風更《ふ》け過ぎて。月も傾く軒端の草。忘れて過ぎし古《いにしえ》を。忍ぶ顔にて何時《いつ》までか待つ事なくて存《なが》らへん。げに何事も。

思ひ出の。人には残る。世の中かな

〽ただいつとなく一筋に頼む仏の御手の糸導き給へ法《のり》の声

〽迷ひをも。照らさせ給ふ御誓《おんちか》ひ。照らさせ給ふ御誓ひ。げにもと見えて有明の。行衛《ゆくえ》は西の山なれど。眺めは四方《よも》の秋の空。松の声のみ聞こゆれども。嵐は何処《いずく》とも。定めなき世の夢心。なにの音にか覚めてまし。なにの音にか覚めてまし

多くの亡霊は悩みを持ってその救いを求めてこの世にやってくる。しかし井筒の女は恋の思いに浸るために登場する。忘れてしまってもいいはずの昔のことを、何も期待することもないのに昔の地にやってくるのはという、その反省もすぐに「思い出だけが……」と正当化されてしまう。「野宮」のシテ六条御息所《ろくじようのみやすどころ》の亡霊は、死んでようやく光源氏への慕情を訴え、最後の愛の逢瀬《おうせ》の地になった嵯峨野に、毎年同じ日に立ち戻ってくるが、それを冷たく見ている理性的な別の六条がいる。ほとんど同じ構成で書かれながら、すぐれた能は、見事にそれぞれの女性像を描ききっているのだ。そして「井筒」の場合まだ恋を語らず、仏にすがる清澄さを謡いあげるのも、すぐれた基調音になっている。

業平が建立した在原寺もすでに廃墟となり、背比べをした思い出の井戸は、一叢《ひとむら》の薄《すすき》に埋も

れている。世阿弥は彼女を満開の桜の下には立たせなかった。この秋の淋しい情景が、恋の温かさをより際だてている。

③　破の中段

その後、開口人と問答ありて、同音一謡《ひとうたい》、一段。

ワキ「我この寺に休らひ。心を澄ます折節。いとなまめける女性《によしよう》。庭の板井を掬《むす》び上げ花水《はなみず》とし。これなる塚に廻向《えこう》の気色見え給ふは。如何《いか》なる人にてましますぞ

シテ「これはこの辺《あたり》に住む者なり。この寺の本願在原の業平は。世に名を留めし人なり。さればその跡のしるしもこれなる塚の陰やらん。わらはも委《くわ》しくは知らず候へども。花水を手向け御跡を弔ひまゐらせ候

ワキ「げにげに業平の御事《おんこと》は。世に名を留めし人なりさりながら。今はあまりに遠き世の。昔語の跡なるを。しかも女性の御身として。かやうに弔ひ給ふ事。その在原の業平に

〽いかさま故《ゆえ》ある御身やらん

シテ「故ある身かと問はせ給ふ。その業平はその時だにも。昔男《むかしおとこ》と云はれし身の。まし

てや今は遠き世に。故も所縁《ゆかり》もあるべからず
ワキ〽もつとも仰《おお》せはさる事なれども。此処は昔の旧跡にて
シテ〽主《ぬし》こそ遠く業平の
ワキ〽跡は残りてさすがにいまだ
シテ〽聞えは朽ちぬ世語《よがたり》を
ワキ〽語れば今も
シテ〽昔男の
地謡〽名ばかりは。在原寺の跡古《ふ》りて。在原寺の跡古りて。松も老いたる塚の草。これこそそれよ亡き跡の。一叢《ひとむら》ずすきの穂に出づるはいつの名残なるらん。草茫々《ぼうぼう》として露深々と古塚の。まことなるかないにしへの。跡なつかしき気色かな跡なつかしき気色かな
ワキ「尚々《なおなお》業平の御事委しく御物語り候へ

ワキはここが在原寺の跡と知ると、すぐに業平と井筒の女の旧跡と判るほどの「伊勢物語通」であった。墓に詣でる女性との交流が始まる。業平ゆかりの人かとの問いに、業平は生前ですら「昔男」と呼ばれていた、今は本当の昔だから昔×昔、昔の二乗の今、ゆかりなどある

はずはないじゃありませんかと、洒落《しやれ》を言うシテはまだ第三者としての応対である。

④　破の後段

その後また、曲舞《くせまい》にてもあれ只《ただ》謡ひにてもあれ、一音曲、一段。

地謡〽昔在原の中将。年経てここに石の上。古《ふ》りにし里も花の春。月の秋とて住み給ひしに

シテ〽その頃は紀の有常の娘と契り。妹背の心浅からざりしに

地謡〽また河内《かわち》の国高安《たかやす》の里に。知る人ありて二道《ふたみち》に。忍びて通ひ給ひしに

シテ〽風吹けば沖つ白波竜田山

地謡〽夜半《よわ》にや君がひとり行くらんとおぼつかなみの夜の道。行方を思ふ心とげて外《よそ》の契りはかれがれなり

シテ〽げに情知る。うたかたの

地謡〽あはれを述べしも。理《ことわり》なり

ワキの求めに応じ、シテは「古りにし物語」を語り始める。巧みな時間の倒置法。ふたりの愛に危機が訪れるが、彼女の夫を思う純情さでそれが回避されたことを述べておいて、幼な恋の時間へとさかのぼる。

地謡〽昔この国に。住む人のありけるが。宿を並《なら》べて門《かど》の前。井筒に寄りてうなゐ子の。友達かたらひて互《たがい》に影を水鏡。面《おもて》をならべ袖をかけ。心の水も底ひなく。うつる月日も重なりて。おとなしく恥《は》ぢがはしく。互に今はなりにけり。その後《のち》かのまめ男。言葉の露の玉章《たまずさ》の。心の花も色添ひて
シテ〽筒井筒。井筒にかけしまろがたけ
地謡〽生《お》ひにけらしな。妹見ざる間にと詠みて贈りける程に。その時女も比べ来し振分髪《ふりわけがみ》も肩過ぎぬ。君ならずして。誰かあぐべきと互に詠みし故なれや。筒井筒の女とも。聞えしは有常が。娘の古き名なるべし

曲舞は能に先行する芸能であった。謡うことができ、語ることができ、舞うことができる。父の観阿弥が、乙鶴《おとづる》という女流芸能者にこれを学んで能に導入したとされる。今までメロディ

本位だった能の音曲を、リズム中心に変えた革命であった。

能には、立って舞う「舞グセ」と、じっと座ったままの「居グセ」がある。これもただ座っているだけではない、「独楽《こま》が澄む」という、最高回転で回っているコマが静止して見えるように、演戯者は動かぬ演戯に渾身《こんしん》のエネルギーと精神力を燃焼させているのだ。

幼いふたりが次第に成長し、お互いに異性を意識して恥ずかしくなる年代となり、そこに求婚の歌が届く。「互ひに今はなりにけり」。三人称とも一人称ともとれる表現、そして過去形で語られている物語の中に、突然その愛の昂《たか》まりの時間がきらめく。世阿弥の巧みな技法である。

「言葉の露の玉章の。心の花も色添ひて」。なんという美しい修辞だろう。言葉→葉の露→露の玉→玉章（手紙）という言葉の連鎖だが、いかにもキラキラとした愛の言葉が鏤《ちりば》められている実感がある。

地謡〽げにや古りにし物語。聞けば妙なる有様の。あやしや名のりおはしませ
シテ〽真《まこと》は我は恋衣《こいごろも》。紀の有常が娘とも。いさ白波の竜田山夜半に紛れて来《きた》りたり
地謡〽不思議やさては竜田山。色にぞ出づる紅葉葉の
シテ〽紀の有常が娘とも

地謡〽または井筒の女とも
シテ〽恥かしながら我なりと
地謡〽言ふや注連縄《しめなわ》の長き世を。契りし年は筒井筒井筒の陰に隠れけり・井筒の陰に隠れけり

注連縄を結うと言うが掛り、縄から長いという連想が引き出され、「つづやはたちの」というように、筒井筒を出すためにつづが使われている。つづは「十」ということだが、中世には誤って十九歳と使われていたという。契りを交わしたのは十九のときと告白して前段は終わる。

耳から聴く音律に酔わされるが、ここの文字続きは上等とは言えない。例えば世阿弥の「恋重荷《こいのおもに》」。高貴な人への秘めた想いを、貴族階級に嘲られた身分低い老人が憤死する場面で、「しめじが腹立ちや」と謡う。清水観音の誓い「ただ頼めしめじが原のさしも草　われ世の中にあらん限りは」の「標茅《しめじ》が原」から、「腹立ちや」はいささか無理で、さすがの世阿弥にも、このような瑕瑾《かきん》はある。注連縄の語も、いかにも固い。

狂言方の役（アイ・間《あい》狂言）である里人によって、幼な恋の物語が語られる。世阿弥はアイを「真の能の道やり」と呼んだ。能のナレーターの役である。「井筒」の場合、『伊勢物語』の短いストーリーが繰り返されるが、同じ「語リ間」の形でも、「頼政」ではシテの語らない挙兵の原因が、「姨捨」では月光の精のように昇華されたシテが触れない残酷な棄老物語が、「山姥」では、古い木戸が谷に落ち、ドングリが目になって鬼女になるといった珍説が語られ、世阿弥の作はアイ狂言にもいろいろ工夫が凝らされている。「井筒」にはアイ狂言を省略し、シテが舞台上で装束を替え、次のワキの待謡《まちうたい》を省略して抒情の一貫性を強調する演出も行われる。

⑤　急

これより急。その後、舞にても、はたらきにても、あるいは早曲《はやぶし》、切り拍子などにて一段。已上、五段なり。

ワキ〽更けゆくや。在原寺の夜の月。在原寺の夜の月。昔を返す衣手《ころもで》に。夢待ち添へて仮枕。苔の筵《むしろ》に臥《ふ》しにけり苔の筵に臥しにけり待謡と呼ばれるワキの序歌である。後シテを待ち受けるという意味である。多くは苦しみを訴える亡者のための弔いの謡であるが、「井筒」の女は救いを求めているわけではまったくないので、僧は昔の夢の期待を抱いて眠りにつく。

シテ〽徒《あだ》なりと名にこそ立てれ桜花《さくらばな》。年に稀なる人も待ちけり。かやうに詠みしも我なれば。人待つ女とも云はれしなり

〽我筒井筒の昔より。真弓槻弓《つきゆみ》年を経て。今は亡き世に業平の。形見の直衣《のおし》。身にふれて

〽恥かしや。昔男に移り舞

地謡〽雪を廻らす。花の袖　**【序ノ舞】**

「亡霊の亡霊への憑依、性の錯綜。それは実体なき幻想どころではない。男の衣裳とは男の身体そのものであり、それが女の『身に触れ』、女を抱擁している。シテは、女の亡霊であり、かつそれが憑依した男の亡霊である。女を抱く男であり、かつ男に抱かれる女である。自己であり、かつ他者である」（高橋康也『橋がかり』岩波書店　二〇〇三年）

男性の演戯者が女性に扮し、さらに男装の姿で現れる。この重層する妖しい効果。世阿弥はさらに観客の意識を誘導する。形見を身につけるということは、亡き人の魂が憑《の》りうつるということであり、移り舞は舞ぶりを真似ると同時に、その人の霊が寄り添って舞うという意味があった。

後にも述べるが、昔は「カケリ」という演戯の、男装の狂乱を舞う能だったという。現代の演出に、我々は愛を全うした男女の融合した姿を美しく見るのだが、後シテがいきなり謡うように、井筒の女は訪れる男をひたすら恋うる「人待つ女」であった。「真弓槻弓年を経て」の詞章も、真弓から槻弓、月から年を引き出す単なる序ではなく、『伊勢物語』井筒の話の次の段、三年帰らぬ夫を待ち続け、プロポーズする男との新たな結婚の日に、夫が帰郷してくる話、前夫は「梓弓真弓槻弓年を経て　わがせしがごとうるはしみせよ」、自分が愛したように、あるいは自分を愛してくれたように、いとおしんでくださいと身を引いてしまう。後を追った女がついに死んでしまう哀話を、世阿弥は投影しているのかもしれない。男装が愛の完結ではなく、満たされぬ想いの代償行為であったとしたら、この能はまた違った様相を呈することになる。世阿弥はどこまで複雑な罠《わな》を仕掛けようとするのだろうか。

しかし現代の演出では、序ノ舞の純度に一気に高められていく。

静かでもっとも密度の高い序ノ舞が舞われる。ドラマの頂点部分で、器楽演奏による舞が舞われるのは、能が抽象化を目標とする演劇であるなによりの証拠である。

序ノ舞はなにを表現しようとしているのか。言わば女の想いそのものの結晶体である。例えば「井筒」と、幽玄能の双璧である「野宮」も同じく序ノ舞である。演奏の譜も型も、基本は同じであるかもしれない。しかし違うのである。「井筒」は「井筒」だけの序ノ舞である。「位」が違うのである。「井筒」が古紫のような温かみを帯びているとすれば、「野宮」は寒色系の冷たさが加わるとか。言わば「序ノ舞」という概念だけがあるので、「序ノ舞」という実態はないのである。あるのは「井筒の序ノ舞」であり、「野宮の序ノ舞」だ。これが能の根本的な考え方である。

世阿弥の伝書には「翁の舞」「天女」とあるばかりで、今日のような「中ノ舞」「神舞」「神楽《かぐら》」などの舞の名称は出てこない。器楽演奏による無機的な舞事の重要性は、何世紀にもわたる能の、世阿弥路線による進化であり純化であった。

シテ〽此処《ここ》に来て。昔ぞ返す。ありはらの

地謡〽寺井に澄める。月ぞさやけき月ぞさやけき

シテ〽月やあらぬ。春や昔と詠《なが》めしも。何時《いつ》の頃ぞや

〽筒井筒

地謡〽筒井筒。井筒にかけし

シテ〽まろがたけ

地謡〽生《お》ひにけらしな

シテ〽老いにけるぞや

地謡〽さながら見みえし。昔男の。冠直衣《かむりのおし》は。女とも見えず。男なりけり。業平の面影

シテ〽見ればなつかしや

地謡〽我ながら懐かしや。亡婦魄霊《はくれい》の姿は凋《しぼ》める花の。色なうて匂ひ。残りて在原の寺の鐘もほのぼのと。明くれば古寺の松風や芭蕉葉の夢も。破れて覚めにけり。夢は破れ明けにけり

井筒の女が舞っているのは、旅の僧が在原寺を訪れた、ある秋の夜の今の時間である。しかし時間が逆行していく。業平が「月やあらぬ春や昔の春ならぬ　我が身ひとつはもとの身にして」と和歌を詠んだ時点から、さらに業平がプロポーズの和歌を送った青春の頂点の思い出と

なる。ここで世阿弥はもうひとつ仕掛けをする。「生い」「老い」、同音の語を連ねた。「生い」→「老い」とすると、時間が再び現在の時点に戻ってくる。「生ひにけるぞや」と重ねるならば、恋のピークの時間が、まだたゆたっているのである。

「さながら見みえし」。見る＋見られるという、男装の姿を鏡に映しているかのような修辞を用いてダブルイメージをさらに観客に幻覚させた上で、彼女は月に濡れたわが姿を水鏡に映し、業平を懐かしむ。大鼓が永遠を語るかのように戛然《かつぜん》と鳴る。

井戸の底に映っているのは、男姿の井筒の女であるが、そこには何十年もの恋が凝縮している。これが能の表現なのだ。

もうすでに彼女の意識は覚めている。「我ながら懐かしや」と現実に引き戻しておいて、「ボウフ・魄霊の姿は」、「亡婦」とも「亡夫」とも耳に聞こえる謡でイメージを重ねて、終曲へと盛り上げていく。

美しい男装の姿は、次第に輪郭をぼかしていって、遠寺の鐘が暁を告げ、夢覚めた僧の前には、松吹く風と破れて立つ芭蕉の姿が残るばかりであった。

世阿弥は、業平の形見をまとった井筒の女と、業平自身と、あるいは彼の恋した女性達の、何枚ものフィルムを重ね合わせ、ずらしたり、だぶらせたり、ピントを合わせたり、ぼかしたりしているのだ。

何百年も経って映画が発明した、ダブルイメージ、ナラタージュ（回想による過去の再現）、フラッシュ・バック（過去の体験の急な幻覚化）、カット・バック（異なる場面の急激な切り替え）を、すでに世阿弥が実現しているのである。兼好法師の『徒然草』の中には、例えば四十三段や百五段のように、ビデオ画面のカット割のように、そのままカメラを回すと映像作品になるような文章がある。日本の中世にどうしてこのような発想が生まれたのだろうか。ここでも兼好と世阿弥の、重なり合いを思うのである。

「井筒」を舞う観世寿夫

能を極北の演劇と私は呼んだ。極限まで削りに削った表現、それが能である。在原業平がいかなる個性を持ち、いかなる系譜の人間であったか、その社会背景はということに、能はまったくと言ってよいほど関心を持たない。それは男性そのものの凝縮された像である。井筒の女の個性も問題にされない。それは女性の慕情そのものの結晶なのである。

ドナルド・キーンはいみじくも「あらゆる演劇の中で一番出来た時代の束縛を受けないのは能ではないかと思うほどである」と言い、能が書かれた「当時の政治情勢や思想と全く関係がなく、時代を越えたテーマを扱っている」（三島由紀夫『近代能楽集』の解説　新潮文庫　一九六八年）と喝破している。

それゆえにこそ、能は時代を超えて生き、今国境を越えて評価されているのである。ところが世阿弥自身、この夢幻能の発想と様式について、その伝書で何も語ろうとしない。これまたなぜだろう。

そして思う。井筒の女は、すぐれて怜悧《れいり》な女ではなかったか。嫉妬を露わにせずに夫をとり戻した。しかし彼女に瞋恚《しんい》の炎が燃えなかっただろうか。先にも述べたが、後シテの出の謡には「待つ女」の錯綜した想いがこめられているようにも読み取れる。

現在の能面の選び方だと、年若な小面《こおもて》ではその純情さが際だち、少し年嵩《としかさ》の若女《わかおんな》だと、理知的な彩りが加わり、金剛流の艶麗な孫次郎だと酸《す》いも甘いもかみ分けた豊かな女人という演出になる。現代では増《ぞう》の女面はほとんど用いられないが、その場合は、むしろ冷たい品格となるだろう。桃山時代の装束付けには「こおもて・ふかひ面・増（『童舞抄《とうぶしょう》』）」とある。

世阿弥時代はどうだったのだろう。「この座のちと年寄りしくある面、愛智打《えちうち》也。世子、女能には是を着られし也」と『申楽談儀』にあるが、中年過ぎた人生の経験を積んだ年齢設定とも想像される。「深井」という面の選択は、現在の謡本にまで記載されている。

室町末期には増髪《ますかみ》も使われていたらしい。狂女の険しい相貌である。室町末の能の指南書『八帖本花伝書』にも、この面が指示されている。

清澄な「序ノ舞」ではなく、「カケリ」という狂気を表現する演出があったに違いない。あるいは古書の言う「男博士の翔《かけ》り」、つまり男の亡霊が憑依した激しい表現が、世阿弥の主張なのか後世の改変なのか判らないが、そういう解釈で「井筒」を演じた時代があったことは確かと思われる。梅若六郎《うめわかろくろう》（玄祥《げんしょう》）が復元上演したことがある。序ノ舞に続いてカケリが舞われ、面は「蟬丸」「道成寺」に用いる狂気を秘めた「逆髪《さかがみ》」が用いられた。

本説《ほんぜつ》の『伊勢物語』も、凄愴《せいそう》とも言える男女の物語を、井筒の話に続けて載せているのは、なんらかの意図によるものであろうか。

沖つ白波立田山の白波は、歌舞伎の「白波五人男」と同じく、山賊に会いませんようにという後世の解釈を復元して、ナレーターである狂言方に語らせた催しもあった。

しかし何百年の時間の淘汰《とうた》は、ここまで「井筒」の純化を果たしえているのである。それに夾雑物《きょうざつぶつ》を復元するのは、あるいはむなしい努力ではあるまいか。

例えば後世に近松門左衛門がこれを浄瑠璃「井筒業平河内通《かわちがよい》」に劇化すると、実は井筒姫の胸は火のごとく燃え、水で冷やすと沸き返り、炎と燃える表現となる。しかも業平暗殺を狙う伯父に、男装した高安の生駒《いこま》姫が誤殺され、投げ込まれた筒井筒の井戸から亡霊となって現れるというストーリーとなる。そうしないと「演劇」にならないのである。

「井筒」の純度は、能だけが可能にした世界であった。

江戸の浄瑠璃の激烈でなくとも、普通の演劇の場合、少なくとも三人の俳優が舞台に登場させねばこの劇は成り立たぬ。業平の役に長谷川一夫（私の世代の美男子は彼に決まっていた）、純情な井筒の女に吉永小百合（これまた世代の憧《あこが》れ）、高安の女に池内淳子といった配役か。

しかし能に登場するのは、井筒の女の亡霊ただひとりであり、たまたまある秋の夜に在原寺の廃墟《はいきょ》を訪れた旅の僧は、井筒の女とはまったく無関係、劇的関係は皆無の人物である。時間設定も、例えば今年の秋の一夜でもよいのである。

能はこの演劇手法を完成することによって、何百年も褪《あ》せることのない慕情を、舞台に結晶させることに成功した。「恋の永遠性」などという言葉があるか知らないが、『伊勢物語』の本説を、ここまで凝縮できたのは、世阿弥の発想と脚本と、長い時間の演戯の淘汰であった。

アメリカのメトロポリタン美術館の、エジプト神殿の前で、梅若六郎（玄祥）・大槻文蔵《おおつきぶんぞう》・観世清和《きよかず》の能が演じられた。一九九三年のことである。ニューヨークでもっとも切符が手に入りにくい催しと言われた。「大般若《だいはんにゃ》」「土蜘蛛」などのスペクタクル能も演じられたのだが、識者の多くは「井筒」がもっともよかったと語った。世界の目もここまで能を理解しているのだ。

現在では能の代表曲として定着しているが、それは戦後のことで、それまでは上演頻度も低かった。今の評価の高さは「観世寿夫の存在によるところが大きい」と、『世阿弥 神と修羅と恋』（角川学芸出版 二〇一三年）の対談中にあるが、そこまで言い切れるかどうか。

なお能楽名演集として観世寿夫の「井筒」がDVDになっている。ワキ・宝生閑《かん》、笛・藤田大五郎、小鼓・大倉長十郎、大鼓・瀬尾乃武《せおのりたけ》、地謡・観世静夫（八世観世銕之丞）。ビデオの初期のころで、寿夫の映像はこのほか「俊寛《しゅんかん》」「バッコスの信女」がNHKに遺るだけである。

世阿弥の本説重視

世阿弥は「本説」を作能の第一条件とした。本説とは、能を創る場合、拠り所となる物語や漢詩、故事、言い伝えのことである。現代の文学意識では、古典を踏襲した作品よりも、自ら創作したストーリーに価値を見る。しかし、世阿弥は逆の意見なのだ。よい能の作品とは何か。

よき能と申すは本説正しく、めずらしき風体にて、詰め所ありて、かかり幽玄ならんを第一とすべし

（『風姿花伝』花修《かしゅ》云《にいわく》）

「本説もなき事を新作し」た「作り能」は、「極めた達人の才学」による場合には成り立つが、至上のものとは認められなかった。

この本説重視は、和歌における本歌取りの技法の立体化にほかならない。誰もが知っている歌の一句か二句をそのまま詠み込む方法である。三十一文字の制約の中に、言わば二首以上の重層効果をねらうことが可能となる。

軍体の能姿。仮令《けりよう》（たとえば）、源平の名将の本説ならば、ことにことに平家の物語のままに書くべし

（『三道』）

白紙から物語を説き起こすのではなく、観客の頭脳にすでにインプットされている情報を刺激することによって、イメージの連鎖反応を起こさせる、それが世阿弥の作戦であった。

「井筒」の本説は『伊勢物語』である。樋口一葉の「たけくらべ」の作品名になるように、井戸で背比べをしていた幼馴染みが恋仲となり、めでたく結婚するが、男に新しい愛人——経済的にも支援するような人ができるが、妻の純情によってその危機が回避される物語である。

その本説を、あの世からの、尽きることのない思慕として舞台に造型したのが、世阿弥の手柄であった。

「葵上」はもっとも好まれる能のひとつである。近江申楽の大名人犬王《いぬおう》道阿弥が得意とした演目を、世阿弥が改作したものとされる。鬼の姿になって葵上の命を奪おうとする六条御息所の生霊は、祈りの力に屈服して終わる。本説の『源氏物語』では、夕霧を産み落とした葵上は、六条のテレパシー殺人事件の第一号犠牲者となる。あれほど本説正しくと主張する世阿弥がなぜ和解の結末に替えたのか。鬼は結局調伏されねばならぬ宿命だったのか、今日の研究では

娘聟《むすめむこ》の金春禅竹の作とされるが、「野宮」の六条御息所のイメージを妨げぬための配慮なのか。能を現代劇に翻案した三島由紀夫の『近代能楽集』は世界に名高い。大病院に入院している若林葵は、六条康子が見舞に来ると苦しみ始める。一流商社マンという役どころの若林光。結局電話で「もしもし」と言う六条の声の中に、葵はベッドから「床の上に転がり落ちて、死ぬ」。三島由紀夫の方が本説正しいのである。

闇とめでたさのバランス

佐渡の世阿弥にスポットを当てた小説『秘花』（新潮社　二〇〇七年）は、当時八十四歳瀬戸内寂聴渾身の作である。彼女は三年の間、鵺《ぬえ》に襲われる悪夢に呻吟する。「漆黒の闇の中で、鵺に襲われていた」。その「序」は、こう書き始められ、こう結ばれる。「世阿弥のおびただしい作能の中で、『鵺』ほど哀しい作はないと感じた時から、わたしは鵺こそ世阿弥の心の闇だと思いこみはじめていた。／犯されまいと抗《あらが》ったのではなく、犯されたくて夢の中まで身悶《みもだ》えしていたのではなかったか。そう気がついた時、ようやくわたしの錆《さ》びかかったペンが、たっぷりとインクを吸いあげていた」。

「鵺」は敗者の側から、勝者である源頼政の栄光を描いた能である。

「暗きより暗き道にぞ入りにける。遥かに照らせ山の端の。遥かに照らせ山の端の。海月《かいげつ》も入りにけり。海月と共に入りにけり」。鵺の亡霊は、暗い闇に沈み込んでこの能は終わる。
哲学者・梅原猛《うめはらたけし》は、「この『鵺』という曲は世阿弥晩年、足利義教の時代に作られたと思われるが、この時代、世阿弥は義教に疎まれ、ついに佐渡へと流罪になっている。とすればうつぼ舟によって芦屋に流された鵺に、世阿弥は不吉な自分の未来の運命を感じ取っていたのではなかろうか」と書いている。

この世阿弥の傑作を、観世寿夫が黒いズボンと黒いシャツに白足袋の姿で演じた凄《すご》さを今に忘れない。青山の銕仙会《てつせんかい》の舞台で、ジャン・ルイ・バロオとのワーク・ショップであった。土屋恵一郎は『能、ドラマが立ち現れるとき』（角川選書　二〇一四年）に、「鵺という怪獣と、頼政の演じ分けが、テーマにこたえたものになっていた。その普通のシャツで舞った『キリ』は、今さらながら寿夫の芸の素晴らしさ、雄弁さを物語っていた。切って返す力の移動で世界ががらっとかわる。変化というよりも、同じ身体のうちでなにかに似るのではなく、世界が入れかわるのだ」と、「身体を変化させてなにかに似ることで終わる」、バロオのパントマイムとの根本的な違いを書いている。鋭く確かな目である。

鵺という怪物の姿を借りて、暗い情念の世界を凝視するのも能である。敗者、弱者への視線も能である。

地獄とこれほど正対した演劇が、ほかにあったろうか。

そして怨念の世界をこれほど深めえた演劇が。

能こそまさに鎮魂の芸能であった。

同時に能は祝福の芸能でなければならなかった。

めでたさの賛美が一方にあって、闇の世界とバランスがとれる。


ワキ能という神の能は、その戯曲性の単純さから、現代では上演されることが激減しているが、能役者の意識の中で、あるいは技術の根源として、幽玄の能と並ぶ。人間の心を純化して舞台に結晶させる能において、めでたさの比重はきわめて重い。

めでたさの基盤に「翁」があることは言うまでもない。白い翁の「天下泰平。国土安穏」の祈り。三番叟《さんばそう》の生産の躍動と黒い翁の農耕の祈り。能の成立以前の古態を今に伝える。「能にして能にあらず」とされてきたが、「翁こそが能だ」と主張する、世阿弥の遠孫・観世清和の考えは正しい。

能ほど平和のめでたさを祈る演劇がほかにあるだろうか。

千秋楽《せんしゅうらく》は民をなで。萬歳楽《まんざいらく》には命を延ぶ
相生《あいおい》の松風。颯々《さつさつ》の声ぞ楽しむ。颯々の声ぞ楽しむ

一日の催しが終わると、地謡によってこの「附祝言《つけしゅうげん》」が謡い添えられる。「高砂」の最終部分である。めでたく始まりめでたい祝福で終わる。どんなに暗いテーマ、深刻な能が演じられようと、舞台に怨念が渦巻こうと、最後はめでたくしめくくられる。これが日本の芸能の考え方である。昔は祝言の能が短く演じ添えられた。「附祝言」はその名残であり、継承である。

ちなみに、相撲の千秋楽という言葉は、この「高砂」の附祝言から出たものである。

そしてもうひとつ。能はさらなる安全弁をパートナーとした。

能の一方には狂言があるのだ。むしろあらねばならなかった。

明るさ。軽さ。笑い。庶民の日常世界。人間の愚かしさへの共感。

単純な戯曲と見えながら、それを支えているのは能と同じく重い質の演戯だ。

能は、狂言あってこそ、巨大なヤジロベエのように安定する。

能は笑いの世界を全部狂言にゆだねることによって、ラジカルなまでの演劇世界を構築しえたのである。

附 「砧」を読む

「井筒」をひとつ選んだ私は、世阿弥のもう一方の極である「砧」を語りたい。作者自身の自信作として、「静かなりし夜、砧の能の節を聞きしに、かやうの能の味はひは、末の世に知る人あるまじければ、書き置くも物くさき由、物語せられし也」と『申楽談儀』に記されている。この末の世が文字通りの後世なのか、自分の能がうとんぜられた時点をさしたものか。事実、この能は上演が長く途絶えていた時代があった。研究は進むものである。この能で舞台に据えられる作り物の砧の形態から、再現された時代を考証する研究者もある。

すでに述べた通り、世阿弥は「本説正しき能」、つまり典拠にのっとった作を、よい能の第一条件とした。筋書きを創作したものを「作り能」と呼んで二義的に考えていたのである。「砧」は「作り能」の頂点を極める。「砧」の前半は現在能である。つまり現実の時間と空間の中でドラマが進行する。しかし後半に登場するのは妻の亡霊である。能は、この世とあの世が自由に交錯する演劇でもある。

ワキ「これは九州芦屋《あしや》の何某《なにがし》にて候。われ自訴《じそ》の事あるにより在京仕《つかまつ》りて候。かりそめの在京と存じ候へども、当年三年《みとせ》になりて候。あまりに故郷《ふるさと》の事心もとなく候ほどに。召し使ひ候夕霧と申す女を下さばやと思ひ候

ワキ「いかに夕霧。あまりに故郷《ふるさと》心もとなく候ふほどに、おことを下し候ふべし。この年の暮には必ず下るべき由心得て申し候へ

ツレ「さらばやがて下り候ふべし。必ず今年の暮には御下りあらうずるにて候

第一場は京都。芦屋の何某は訴訟のための在京が三年に及んだ。故郷の妻へ侍女を派遣しようとする。ただひとり固有名詞を与えられた夕霧。彼女は単に召使いの立場であるのか。「おこと」と言う親しげな呼びかけが、なにか愛人関係を思わせずにおかない。世阿弥の巧みな伏線である。

日本における人称代名詞はまことに複雑である。アイ・ラブ・ユーでは割りきることができない。例えば世阿弥の長男、観世元雅の「隅田川」でも、船頭は都から下ってきた女にまずは「おこと」と呼びかける。これは相手をごく近しい位置に見ているのである。『広辞苑』にも、

「やや目下の相手を親しんでいう語」とある。ところが昨年の今日、人買いに攫われてここで死んだ少年の母、悲劇の主人公と判ると「さてはおん身の子にて候ひけるぞや」と人称が敬語に改まる。

「砧」の場合、「汝《なんじ》」ならば明らかな主従関係である。「おこと」はまことに微妙ではないか。「心得て申し候へ」。夫の不在に苛立《いらだ》っている妻への思いやりの、周到な付け加えである。

ツレ〽このほどの。旅の衣の日も添ひて。旅の衣の日も添ひて。幾夕暮の宿ならん。夢も数添ふ仮枕。明かし暮して程もなく。芦屋の里に着きにけり芦屋の里に着きにけり

ツレ「急ぎ候ふほどに。芦屋の里に着きて候。やがて案内を申さうずるにて候

「いかに誰か御入り候。都より夕霧が参りたる由。御申し候へ

そのまま旅だった夕霧は、芦屋の里に着く。能舞台の橋がかりの効果。揚げ幕の奥が芦屋の館である。アシライ出シという囃子でシテが三ノ松に佇《た》つ。リズム感を消した囃子は、シテがそこまで歩いてきたというのではなく、スポットライトが当たると、そこに人物がいたという用い方である。

シテへそれ鴛鴦《えんのお》の衾《ふすま》の下には。立ち去る思ひを悲しみ。比目《ひぼく》の枕の上には。波を隔つる愁ひあり。ましてや深き妹背の仲。同じ世をだに忍ぶ草。我は忘れぬ音《ね》を泣きて。袖に余れる涙の雨の。晴れ間稀なる心かな

妻は閨怨を謡う。おしどり夫婦は今でも判るが、ヒラメは現代人には理解しがたい。雌雄が重なり合わねば泳ぐことができないとされたという。あの夫婦仲のよい鴛鴦《おしどり》や比目《ひらめ》でさえも、離ればなれになる悲しみがあろう、まして人間の深い間柄では。死に別れたのならかえってあきらめもつこうが「同じ世をだに」別れて暮らさねばならぬ。「我は忘れぬ」、この「は」が効いている。夫は都で私のことなど忘れてうつつを抜かしているかも知れない、しかし私は忘れることなどはできない。周到な一文字である。

「袖に余れる涙」、袖しおるほど、袖絞るほどとエスカレートし、両袖で受けても溢《あふ》れるほどの涙という表現である。さらには身も浮くばかりともする、日本にもある白髪三千丈的修辞である。

ツレ「夕霧が参りたる由それぞれ御申し候へ
シテ「なに夕霧と申すか。人までもあるまじこなたへ来り候へ
「いかに夕霧珍しながら恨めしや。人こそ変り果て給ふとも。風の行方の便りにも。などや音づれなかりけるぞ
ツレ〽さん候疾《と》くにも参りたくは候ひつれども。御宮仕への暇もなくて。心より外《ほか》に三年《みとせ》まで。都にこそは候ひしか
シテ〽なに都住居を心の外とや。思ひやれげには都の花盛り。慰み多き折々にだに、憂きは心の習ひぞかし
地謡〽鄙《ひな》の住居に秋の暮。人目も草もかれがれの。契りも絶え果てぬ何を頼まん身の行方〽三年《みとせ》の秋の夢ならば。三年の秋の夢ならば。憂きはそのまま覚めもせで。思ひ出は身に残り。昔は変り跡もなし。げにや偽りの。なき世なりせばいかばかり。人の言の葉嬉しからん。おろかの心やな愚かなりける頼みかな

「砧」のシテを、女の盛りを過ぎようとする中年に設定するか、新婚間もない若い女にするか。両様の演出がある。能では装束の赤の色の有無によって、「紅入《いろい》リ」「紅ナシ」と、演出を大別

する。

世俗の諺《ことわざ》に「二十後家は立つが三十後家は立たぬ」という。肉体が熟成すると独身を通すことは難しいと言うのだろう。田舎でくすぶっていた中年の妻と、三年都の水で洗われ、夫の匂いまでつけた若い女との対座。「心よりほかに三年まで」。これはツレの思いやりである。若い女性の都暮らしが楽しくないはずはない。しかしその言葉が妻に突き刺さる。

戸井田道三《といだみちぞう》は、名著『観阿弥と世阿弥』（岩波新書　一九六九年）の中でこう述べている。「この『思ひ出は身に残り』の言葉が異様に感じるのである。もちろん、ふつうの意味なら自身に残るということで、とくに身に意味がないのかも知れない。しかし、主題が妻の閨怨のこととなると、たんなる頭による記憶ではなく、もっとセクシュアルなものであり、肉体の性的感覚の思い出ではないかと思われるのである」。

そしてツレの微妙な位置。ツレをむしろ年増の年齢とし、人生経験の浅い若い妻を心理的に追い詰めて死に至らしめる演出もできそうだ。「井筒」で述べたように、男装の姿にさえ複雑なニュアンスを秘めてみせた世阿弥のことだから、そこまでたくらんでいたのかもしれない。

正面の席からこの能を見ていても、地謡の前に座ったツレは見える。しかし観客の目はシテに集中している。脇正面に席を取ってみる。そうするとくすんだ紅ナシの装束の妻の向こうに、常に若さを誇示するような侍女の画然たる姿が視野にある。世阿弥がいかに残酷なドラマを作ったかを痛感させられるのだ。

シテ「あら不思議や。何やらんあなたに当って物音の聞え候。あれは何にて候ぞ

ツレ「あれは里人の砧擣《う》つ音にて候

シテ「げにやわが身の憂きままに。故事《ふること》の思ひ出でられて候ふぞや。唐土《もろこし》に蘇武《そぶ》といひし人。胡国とやらんに捨て置かれしに。故郷に留め置きし妻や子。夜寒《よさむ》の寝覚を思ひやり。高楼に上って砧を擣つ。志の末通りけるか。万里のほかなる蘇武が旅寝に。故郷《こきょう》の砧聞えしとなり

〽わらはも思ひや慰むと。とてもさみしき呉織《くれはとり》。綾の衣を砧に擣ちて。心を慰まばやと思ひ候

ツレ「いや砧などは賤《いや》しき者の業《わざ》にてこそ候へ。さりながらおん心慰めんためにて候はば。砧をこしらへて参らせ候ふべし

砧は、生乾きの布を台にのせ、棒や槌《つち》でたたいて柔らかくし、皺《しわ》をのばし艶を出すための古

「砧」観世清和・上田公威

代からの習俗である。冬を迎える秋の夜、女性の作業とされた。「白楽天」の能のワキにも登場する白居易の「聞夜砧」。「月苦《さ》え風凄《すさま》じく砧杵《ちんしょ》悲し／八月九月　正に長き夜／千声万声　了《おわ》る時無し」は、あるいはこの能のテーマを導き、能の詞章にそのまま取り入れられている。この詩の一打ち毎に白髪が増えるという悲哀の感に、遠く離れた夫を想って打つというイメージが濃く加わっていく。李白の「長安　一片の月／万戸　衣を擣《う》つの声／秋風　吹きて尽きず／総て是《こ》れ玉関《ぎょくかん》の情／何《いず》れの日か胡虜《こりょ》を平らげて／良人　遠征を罷《や》めん」などは、日本人の心情にしみわたっていただろう。

舞台には砧の作り物が出され、前段の終わ

りにシテ、あるいはシテとツレが扇で打つ。それが後の場で夫が座るワキ座に置かれるのも暗示的ではないか。金剛流は扇のかわりに黒い漆塗りに金蒔絵《きんまきえ》の槌《つち》と美化されている。

この能の終末部にある、ツンドラ地帯に抑留された蘇武の十九年の苦節、旅雁《りよがん》につけた文が故国に届き、ついに救出された話は有名。それは妻子を思う志の深さゆえだと後シテに世阿弥は言わせている。この前シテの蘇武の夢に妻や子が打つ砧の音が聞こえたというのは、愛の想いを逆方向に変えた世阿弥の工夫である。わが打つ砧にこめられた切なさが、都の夫に届けという願いの周到な前置きである。なお蘇武については中島《なかじま》敦《あつし》の小説『李陵《りりよう》』の傑作がある。

シテ〽いざいざ砧擣たんとて。馴《な》れて臥猪《ふすい》の床《とこ》の上
ツレ〽涙片敷く小筵《さむしろ》に
シテ〽思ひを延ぶる便りぞと
ツレ〽夕霧立ち寄り諸共に
シテ〽恨みの砧
ツレ〽擣つとかや
地謡〽砧に落つる松の声。砧に落ちて松の声。夜寒を風や知らすらん

シテ〽音づれの。稀なる中の秋風に
地謡〽憂きを知らする。夕べかな
シテ〽遠里人《とおざとびと》も眺むらん
地謡〽誰がよと月は。よも問はじ

夫との愛の思い出の空間で恨みの砧が打たれる。
夜寒の季節の到来を告げる風の音。「砧に落つる松の声」。砧に今吹き落ちている松風の音。「砧に落ちて」は、風の吹き止んだ静寂《しじま》の表現である。なんたる微妙な「技《わざ》」。夫と隔たる距離感。今この月を都で眺めているだろう夫に、月は愛の行方を呼びかけてはくれないのだろうか。「よ」は男女の仲を意味する言葉である。

シテ〽面白の折からや。頃しも秋の夕つ方
地謡〽牡鹿の声も心すごく。見ぬ山風を送り来て。梢《こずえ》はいづれ一葉散る。空すさましき月
影の軒の忍《しのぶ》にうつろひて
シテ〽露の玉簾《たまだれ》。かかる身の

地謡〽思ひをのぶる。夜すがらかな
〽宮漏《きゆうろう》高く立ちて。風北に廻り
シテ〽隣砧《りんてん》緩く急にして。月西に流る
地謡〽蘇武が旅寝は北の国。これは東の空なれば。西より来《きた》る秋の風の。吹き送れと。間《ま》遠《どお》の衣擣たうよ
〽古里の。軒端の松も心せよ、おのが枝々に。嵐の音を残すなよ、今の砧の声添へて君がそなたに吹けや風。あまりに吹きて松風よ。わが心。通ひて人に見ゆならば。その夢を破るな破れて後はこの衣誰か来ても訪《と》ふべき来て訪ふならばいつまでも。衣は裁ちも更へなん。夏衣《なつごろも》。薄き契りは忌《いま》はしや。君が命は長き夜の。月にはとても寝られぬに。いざいざ衣擣たうよ

彼女の心にも秋の夕べの風情がしみてくる。山風が運んでくる妻恋う雄鹿の声は、そのまま重なり合う情感である。山風の方向を見る彼女の視野を、一ひらの落ち葉がよぎる。梢を見上げるとそこには凄《すさ》まじいまでに冴えた秋の月がある。月の光に添って彼女の目は地上に移る。軒の忍ぶ草に置いた露がきらめく。露の玉から玉簾を引き、簾がかかるから、かかる身のと、

緊密なイメージの連鎖である。

水時計の矢が高く立ち、夜がふけた。砧の音はゆるやかに、そしてまた切迫し、月はすでに西に流れた。西から東に吹く秋風よ、私の想いのこもった砧の音を都の夫の夢の中に届けてほしい。その風を軒端の松よ遮ってくれるな。彼女はさらに風に呼びかける。もし私の想いが夫の夢にあるならば、その眠りを覚まさないでおくれ。夏衣のような薄い私達の夫婦仲。それでも夫の命よ長かれ。私のもとに帰ってさえくれたなら、新しい愛情で添い遂げようものを。

世阿弥の詩心、まさにここに凝る。

地謡〽かの七夕の契りには。一夜《ひとよ》ばかりの狩衣。天の川波立ち隔て。逢瀬かひなき浮舟の。梶の葉もろき露涙《つゆなみだ》。二つの袖やしをるらん。水陰草《みずかげぐさ》ならば。波打ち寄せようたかた
シテ〽文月七日《ふづきなぬか》の暁や
地謡〽八月九月《はちげつきゅうげつ》。げにまさに長き夜。千声万声《せんせいばんせい》の憂きを人に知らせばや。月の色・風の気色。影に置く霜までも。心凄き折節に。砧の音・夜嵐。悲しみの声虫の音。交りて落つる露涙。ほろほろ・はらはらはらと。いづれ砧の音やらん

彼女の心に、一年に一度の逢瀬、七夕のふたりに同情する余裕が生まれる。天の川波がなぜふたりを一緒に岸辺に送り届けてやらないのか。

しかしふたりは一度でも逢瀬がある。それに比べてこの私は。七月が過ぎ、八月、九月。夫のいない空しく長い夜。

冴えわたる月の光。心を痛ましめる秋風。月光に光る霜の白さ。砧の音、風の音、私のすすり泣き、すだく虫の音。混濁していく意識、狂気の過程をここまで描く世阿弥の凄さである。

ツレ「いかに申し候。都より人の参りて候が。この年の暮れにも御下りあるまじきにて候

シテ〽恨めしやせめては年の暮をこそ。偽りながら待ちつるに。さてははや真に変り果て給ふぞや

地謡〽思はじと思ふ心も弱るかな。声も枯野の虫の音の。乱るる草の花心。風・狂じたる心地して。病《やもお》の床《ゆか》に臥し沈み・つひに空しくなりにけり・つひに空しくなりにけり

極限状態にある妻に、夫は歳の暮れにも帰国しないとの報せが届く。彼女は精神的ショックで死んでいく。夫のことを思うまい思うまいとする抑制すら薄れてしまった。秋果てる虫の音

も、私の泣き声も枯れていく。「花心」はそれでも残る彼女の愛情のシンボルにほかならない。枯れ野に残る花。それを風が吹き乱す。揺れる愛の心。ここの描写は、彼女の「心象風景」を、世阿弥が見事に描いているのだ。彼は後世の映画技法の先駆者であった。

砧を打つ扇がパタと落ちる。泣き伏す妻。夕霧が介添えて橋がかりを退く。途中でツレが踏み止め、膝をついてシオリの型をすると、女主人の死がより明確になる。

かつての大名人、宝生流の松本長《まつもとながし》のこの中入りが、無色に見えたというのは、有名な語りぐさである。

テレビ放映では、橋がわりに退いていくふたりの後ろ姿をフェード・アウトし、砧の作り物にスポット・ライトを当てることで効果を出したことがあった。

ワキ「無慚《むざん》やな三年《みとせ》過ぎぬることを恨み。引き別れにし妻琴の。終《つい》の別れとなりけるぞや

ワキ〽先立たぬ。悔《くい》の八千度百代草《やちたびももよぐさ》。悔の八千度百代草の。陰《かげ》よりもふたたび帰り来る道と聞くからに。梓の弓の末筈《うらはず》に。言葉を交すあはれさよ・言葉を交すあはれさよ

妻の訃報に驚いて、夫が帰ってくる。すでに法事の扮装であり、太刀持ちを従え（ワキひと

りの場合も)、砧の作リ物の前に後悔の想いを謡う。沈痛なすぐれた舞台面である。

霊魂を呼び寄せる梓の弓の呪法に頼っても、妻と言葉を交わしたいという夫の愛情があってこそ、妻の怨念も結局は浄化されることになるのだ。

ところが江戸初期に生まれた喜多流では、ワキがここで初めて登場し、帰郷したところが妻がみまかっていたとするのはともかく、法事の謡の最後の部分が改変されている。「ふたたび帰りて甲斐も無き身ぞと。念《おも》ひの珠の数々に。かの跡弔ふぞ有難き」となる。あの世から帰ってきても仕方がない、跡を弔うから有難く思えというのでは、妻の亡霊も浮かばれまい。夫妻別居の参勤交代が制度化されていく時代に、妻への同情が憚《はばか》られたためかどうかは判らない。世阿弥も驚いたことだろう。もっとも今日、能で見る場合は、ワキはワキ方の台本で謡われるので、支障はないのだが。

シテ〽三瀬川沈み。果てにし。うたかたの。あはれほかなき身の行方かな
〽標梅《ひようばい》花の光を並べては。娑婆《しやば》の春をあらはし
地謡〽跡のしるべの燈《ともしび》は
シテ〽真如の秋の月を見する

さりながらわれは邪淫《じゃいん》の業深き。思ひの煙の立居だに。安からざりし報いの罪の。乱るる心のいとせめて。獄卒阿防羅刹《あぼうらせつ》の。笞《しもと》の数の隙もなく。打てや打てやと報いの砧。恨めしかりける。因果の妄執

地謡〽因果の妄執の。思ひの涙。砧にかかれば。涙はかへって。火炎となつて。胸の煙の。炎にむせべば。叫べど声が出でばこそ。砧も音なく。松風も聞こえず。呵責《かしゃく》の声のみ。怖ろしや

〽羊の歩み隙《ひま》の駒、羊の歩み隙の駒。移り行くなる六つの道。因果の小車《おぐるま》の火宅の門を出でざれば。廻《めぐ》り廻れども生死《いきしに》の海は離るまじや。あぢきなの憂き世や

妻の亡霊は、杖《つえ》にすがって地獄からやってくる。泥眼《でいがん》か痩女《やせおんな》の面。目に金泥の入った怨念の表情か、地獄でやせ衰えた美女の相貌か。

彼女は不倫に死んだのではない。しかし昔は夫婦であっても、愛欲の思いのまま死ぬと、地獄に堕ちるのが定めであった。これすらも「邪淫」なのである。燃える地獄の砧を打たねばならぬ責め苦。迷いの世界に沈淪する業《ごう》が訴えられる。

シテ〽恨みは葛の葉の
地謡〽恨みは葛の葉の。帰りかねて。執心の面影の。恥づかしや思ひ夫《づま》の。二世《ふたよ》と契りてもなほ。末の松山千代までと。かけし頼みはあだ波の。あらよしなや・虚言《そらごと》や。そもかかる人の心か
シテ〽烏《からす》てふ。大嘘鳥《おおおそどり》も心して
地謡〽現《うつ》し人とは誰か言ふ。草木《くさき》も時を知り。鳥・獣《けだもの》も心あるや。げにまことたとへつる。蘇武は旅雁に文を付け。万里の南国に至りしも。契りの深き志。浅からざりし故ぞかし。君・いかなれば旅枕夜寒の衣うつつとも。夢ともせめてなど思ひ知らずや恨めしや

それでも彼女は、地獄でやつれはてた相貌を夫に見られるのを恥じる。それにしても夫の不実。来世も夫婦と約束し、末の松山にかけて愛を誓ったではないか。烏という大嘘つきの鳥だってあなたを誠実な人と言うはずがない、蘇武の文が届いたのは愛の深さあってのこと、あなたはなぜ旅寝の夢の中にでも、私を思ってくれなかったのか。シテは激しくワキに迫って膝をつき、扇で床を叩き、左手をキッと指して恨みを激発させる。静かに合掌するワキ。唐突とも思えるほど、突如として成仏への可能性がほの見えて、この

能は終わる。観世華雪のこのキリ（能の最終部分）などは、微速度撮影の開花を見るような、怨念の透明化が果たされた。「開くる法《のり》の花ごころ」。なんという世阿弥の言葉の美しさだろう。その救いの彼岸が、能舞台にまざまざと見えたのである。このような舞台に接してしまうと、もう能の「麻薬」から離れられない。そうして限りなく待ち続けるのである。

地謡〽法華読誦の力にて。法華読誦の力にて。幽霊まさに成仏の。道明らかになりにけり。
これも思へばかりそめに。擣ちし砧の声のうち。開くる法《のり》の花心。菩提の種となりにけり。
菩提の種となりにけり

しかし。

「砧」のテーマの卓抜。詞章の絶妙。作曲の冴《さ》え。それに比べ、数々の名手の名演を見ていているにもかかわらず、「演出未《いま》だし」のもどかしさを感ずるは私だけであろうか。室町末期から江戸時代まで、「座敷謡」という素謡《すうたい》専用の曲となり、能としての上演が途絶えていた時間の空白が、まだ尾をひいているのかもしれない。

一九七六（昭和五一）年のパリ。世阿弥座を率いた観世寿夫は、「砧」をほとんど省略なしに演じて好評を得た。近年フランス側の録音が見つかり、観世寿夫の三十三回忌にビクターのCDとなり、私が監修と解説を担当した。こうした本質的にすぐれた世阿弥の能が、外国でも理解されるようになったのであるが、天が観世寿夫に今少しの寿命を与えたら、「砧」の演出も完璧の域に至ったのではなかろうか。鼓と謡い手の一騎打ちとも言うべき「一調《いっちょう》」で、小鼓の大名人・幸祥光《こうよしみつ》との「砧之段（いざいざ砧〜いづれ砧の音やらん）」は、凄絶を極めて今に耳に残る。

なお、遠藤周作の『わが恋う人は』、円地文子『砧』、赤江瀑の『元清五衰』、泰恒平『孫次郎』、立原正秋《たちはらまさあき》『きぬた』にも、世阿弥の「砧」が扱われ、山崎正和《やまざきまさかず》の戯曲「世阿彌」では妻・椿に、「とりわけ『砧』と呼ばれる恐ろしいお能。私はあのお作こそ、遠いお国から私あてのお文なのだと思うておりました」と言わせている。

二、姿の巻　演劇としての能　動十分心　動七分身

能面と世阿弥の謎　此の座の天神の面、大癋見《おおべしみ》、小癋見《こべしみ》、皆赤鶴《しゃくづる》也

この座の翁は弥勒《みろく》打ち也。伊賀小波多《おばた》にて、座を建て染められし時、伊賀にて尋ね出だしたてまつし面なり

（『申楽談儀』）

世阿弥が『申楽談儀』に挙げた十三人の能面作家と、現存の一例として観世宗家の伝えた能面の表を作ってみる。ただし『OMOTE—観世宗家能面』（檜書店　二〇〇二年）に掲載された範囲であって、伝来面のすべてではない。

●印は重要文化財、＊印はかつての重要美術品指定のものである。

日光　（黒色尉《こくしきじょう》）『OMOTE』に不掲載

弥勒　父尉《ちちのじょう》●　翁●　翁＊

赤鶴　天神●　大悪尉《おおあくじょう》●　大飛出《おおとびで》●　小癋見●　大癋見＊　泥蛇《でいじゃ》＊　山姥＊　顰《しかみ》＊

天神＊　鬚《ひげ》癋見＊　癋見悪尉＊

愛智《えち》　近江女＊

石王兵衛《いしおうびょうえ》　（姥）『OMOTE』に不掲載
龍右衛門《たつえもん》　弱法師《よろぼし》＊　慈童《じどう》＊　喝食《かつしき》＊　小夜姫《さよひめ》＊
夜叉　橋姫＊　般若＊　増髪＊　今若《いまわか》＊
文蔵　延命冠者《えんめいかじゃ》●　阿波男＊　茗荷《みょうが》悪尉＊　熊坂＊
小牛《こうし》＊　笑尉《わらいじょう》●　小牛尉《こうしじょう》●
千種《ちぐさ》
氷見《ひみ》　霊女《りょうのおんな》＊　桧垣女＊　腰巻尉＊　痩男《やせおとこ》＊　俊寛＊　蛙《かわず》＊
徳若《とくわか》　邯鄲男《かんたんおとこ》＊　白平太＊　弱法師＊　景清＊　頼政＊　黒癋見＊
福来《ふくらい》　鼻瘤悪尉《はなこぶあくじょう》●　重荷悪尉＊　朝倉尉＊　泥小飛出《でいことびで》＊

一九七二（昭和四七）年、能の講演と、能の現地公演視察のため、私は国際交流基金からヨーロッパに派遣された。先代梅若万三郎、茂山千作の渡欧団との同行であった。ベオグラード、国名もまだユーゴスラビア（現・セルビア共和国）、チトー大統領のころ、二百五十人ほどの演劇関係者が集まり、私は百五十枚のスライドを用いて能を語った。自作のビデオが講座に使えるようになるのには、それから二十年もかかった。

「能面が能の演出の中心であることはよく判った。それならばなぜ、世阿弥は能面について多くを語っていないのか」

この質問には驚いた。これほどの研究者がいようとは。私も言われて初めて気づいたのである。世阿弥伝書でまず思うのは、額の長い面を、惜しんで切らないのはおかしいという、現代では考えもつかぬ記述である。曲目によって彩色を変えもしたらしい。

世阿弥の『中楽談儀』には、鬼の面の上手の赤鶴とか、「恋の重荷の面として名誉せし笑尉は夜叉が作也」といった作者の記載はある。今も舞台でかけられる赤鶴の小癋見で、「鵜飼」の新しい演出を始めたといったこととか、烏が社殿に落とした翁面から申楽に志した山科の奇蹟譚《たん》、「ちと年寄りしくある女面」、愛智の作を「女能」に愛用されたことのほか、「今増阿《ぞうあ》着る尉の面を」とか、「悪尉に立烏帽子着」「田楽三人、黒き面を首にかけて渡る也」といった記述を見るばかりである。

能面の名称も、「年寄りたる尉」「顔細き尉の面」「ちと年寄しくある女面」といった漠然とした言い方のほか、「笑尉」「飛出」「大癋見」「小癋見」「天神」など、今日と同じものも散見する。しかも、「能面」という言葉自体を世阿弥は使っていないのだ。

能面が演戯者にどういう心理的影響を与えるのかとか、能面をこう使えという実技的指導が

世阿弥が挙げた能面作家の面の一部である
世阿弥の汗の滲みている面が今も舞台に生きていることこそ、
能の限りない贅ではなかろうか

白式尉《はくしきじょう》

天下泰平国土安穏を祈る「翁」の面。太夫は舞台でこれをかけて神となる。弥勒は平安時代の伝説的な面作家

笑尉《わらいじょう》

神の化身の老人ではなく「融」の前シテなど庶民の老人の役に用いる面だが、品格の高さは能の主張。小牛作

大飛出《おおとびで》

管相丞の怒りの相貌と世阿弥は『申楽談儀』に記すが、今日では豪快な神の役に用いる。赤鶴作

喝食《かっしき》

世阿弥の父観阿弥の傑作「自然居士」などに意志の強い青年僧の面。作者の龍右衛門は女性の面にも傑出した

大悪尉《おおあくじょう》

エキゾチックな神様の役に用いる。世阿弥が「鬼の面の上手なり」と絶賛した赤鶴は悪尉系の面の創始者

白平太《しろへいた》

修羅能の精悍な武将の亡霊に用いる。「屋島」の源義経にもっともふさわしい。徳若作

撮影／林義勝　『OMOTE—観世宗家能面』（檜書店）より

観世宗家の能面から

深《ふか》井《い》

剝落がはなはだしく舞台では用いられないが、女のドラマを語ってやまない。世阿弥愛用の面とされる。愛智作

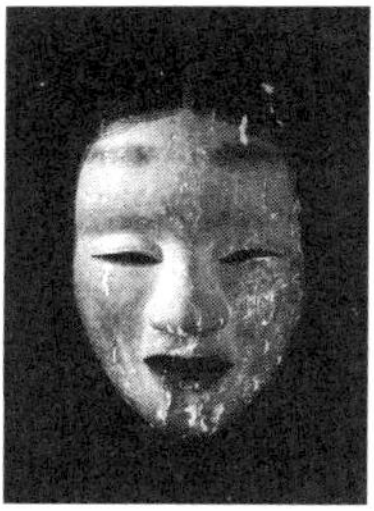

小《こ》癋《べし》見《み》

世阿弥がこの面を使って「鵜飼」の新しい演出をしたという地獄の鬼の面。赤鶴作

桧垣《ひがきの》女《おんな》

老いた舞姫はその奢りの罪で地獄の呵責にあえぐ。世阿弥の最高傑作「桧垣」に用いる。氷見作

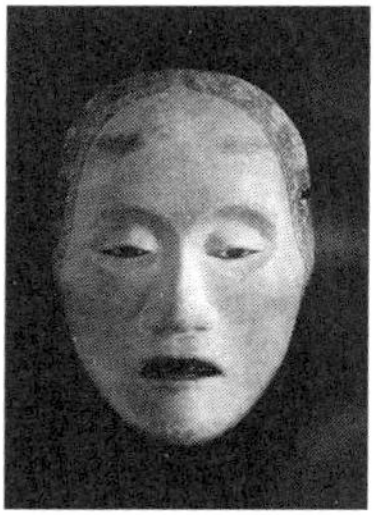

大《おお》癋《べし》見《み》

尊大の象徴である天狗の面。観阿弥から重代の面と世阿弥が述べている。赤鶴作

般《はん》若《にゃ》

女性の悲しみと怒りの見事な造型。品格高い「葵上」の後シテなどに。能では女の鬼に限って角がある。夜叉作

獅《し》子《し》口《ぐち》

奔騰するエネルギーを刻んだ面。浄土菩薩の牡丹に戯れる獅子は気魄の象徴である。赤鶴作

皆無なのは、これまたどうしてだろうか。

素顔の役を「直面《ひためん》」、これは自分の顔をそのまま能面として使えということだが、何の説明もなくこの言葉を使っていることも、能面の使用が既定の事実としてあったことを思わせる。

鶏が先か、卵が先か。

ふたつの仮説を立ててみる。ひとつは当時の作家群、日光・弥勒・赤鶴・愛智・石王兵衛・龍右衛門・夜叉・文蔵・小牛・千種の記述が正しいとする。ひとつは現在、能の各家の伝える「赤鶴作」という作者の伝承が本当であるとする。

そうすると、観阿弥・世阿弥というふたりの天才が、能という演劇を創始する以前に、すでにこのような作家群による「高度な仮面」を用いる技法が開発されており、何かしらの先行芸能の存在を想像できないだろうか。

面の使用は、世阿弥が改めて記述する必要がないほど、すでに習熟の域にあったのではあるまいか。今日能の精神的支柱であり、演出のすべてを統べる能面が、当時、単なる「仮面」の扱いの域にとどまっていたとは、とても考えられない。

観阿弥・世阿弥の新しい脚本が、ふさわしい能面を求めたことも確かだろうが、能面がむしろ先行して、能の完成が果たされたと考えられないだろうか。

しかし、演劇の創始者と、名工の輩出との出逢い。新しい能は新しい能面を欲し、創作の面は新たな曲を導いたろう。ともかく天才雲のごとく集う壮観を思う。

そしてまた、世阿弥の汗のしみた能面が、現代の舞台にも生きる能の贅《ぜい》に改めて感動する。伝来面の裏を少々削って、テレビ番組でも有名な《科捜研》にでも鑑定を依頼したら、世阿弥と観世清和の、あるいは金春安明《やすあき》のＤＮＡが一致するのではあるまいかと、ひそかに思う。

能の演戯　動十分心　動七分身

「腹八分目に医者いらず」。胃袋に二十パーセントの余裕を残しておくのが健康の秘訣と古来言われてきた。英語では「Measure is medicine（適量が薬）」とか。カロリーの制限によって細胞の老化を遅らせることができることが、医学で立証されてきた。

世阿弥はさらに十パーセント減らせと言うのだ。

心の働きは常に百パーセントに全開せよ。身体の動きは百パーセントの動きを稽古《けいこ》し終えた上で、いざ舞台に立ったときは、七十パーセントにとどめよ。そうすると演じなかった三十パーセントが、無限の余白として働くのだと。

「心を十分に動かして、身を七分に動かせ」とは、習ふところの手をさし、足を動かすこと、師の教へのままに動かして、その分をよくよく為窮《しきわ》めて後、さし引く手をちちと、心ほどには動かさで、心よりうちに控ふるなり。これは、必ず舞・はたらきにかぎるべからず。立ちふるまふ身づかひまでも、心よりは身を惜しみて立ちはたらけば、身は体《たい》（基本）になり、心は用《ゆう》（効果）になりて、面白き感あるべし。（『花鏡』）

表現を押さえて、より凝縮度の高まった演戯と、十分な心の働きの響き合う相乗効果。それが「面白き感」として観客を魅するというのである。

俳諧の松尾芭蕉は、さらに十パーセントを削った。句というものは、表現したいことを七分、八分詠んだのでは際だち過ぎる。五分か六分にとどめよ。「五、六分の句はいつまでも聞きあかず」「七、八分に言い詰めては、けやけし（きっぱりし過ぎる）」（『蕉門俳諧語録』）。

わずか十七文字しかない場合ですら、この「減らせ」である。現代の医学は「腹六分目」と、芭蕉説の時代となった。

日本の美は、常にこの余白、世阿弥の言う「せぬ隙《ひま》」、何もないように見えながら実はもっとも重要な表現をしている余白に賭けられている。

芭蕉はさらに言い放つ。「謂《い》ひおほせて何かある」（『去来抄』）。その芭蕉が、『笈《おい》の小文《こぶみ》』に「西行の和歌における、宗祇《そうぎ》の連歌における、雪舟の絵における、利休が茶における、その貫道する物は一《いつ》なり」と言ったとき、なぜ世阿弥の能におけると加えなかったのであろうかといつも考える。

ともかく能は、減らしていく進化の実証である。能の「型」の単元はいくつあるだろう。ごくごく基本形だけだと五十前後ではあるまいか。日本舞踊やバリ舞踊ほか、無限とも思える表現技法に対し、なんという少なさだろう。ぎりぎりに減らしていって、無限を語る、それが能の理念である。

無限表情とはいえ、動かぬ木彫りの面を演戯の核とする以上、装束の線も直線化する。縮緬《ちりめん》物《もの》の舞台衣装が描くような叙情曲線は、能の舞台にそぐわないのだ。それに従う演戯も、自ずから幾何学的にならざるをえない。

手話はあっても足話は考えにくい。足の感情表現は、地団駄を踏むとか、炬燵《こたつ》の中の密かな情報伝達にとどまる。その手の動きも能では極端に制約された。手首の動きもほとんどなく、肘も大きな円運動か、直線的動きにとどまる。指も「九十九夜になりたり」と数を読む場合とか、シオリという泣く演戯に用いられるばかりである。

シオリという感情表現を例にとろう。親指をなかば折り込んで目の前に持ってくる。ポール・クローデルは、「苦悩の映像を、よりはっきりと見つめるために己に近づけるのだとも受け取れるし、あるいは彼女が汲む涙の水、祈りの重み、次いで、飲み干しては口から離す懊悩の盃、生きることの放棄」と表現している。なんという深い洞察だろう。

両手でシオルとさらに深い悲しみとなり、膝をついてアグラのような姿になると、もっともはげしい慟哭《どうこく》となる。能はすべてこのように抑制され、抽象化された演戯である。

手に比べ、足は重要である。舞台を運ぶ軌跡によって、テーマを表現しようとする。足拍子による表現も際だつ。能舞台の床下には、足拍子の音をよくするための大きな甕《かめ》がいくつも口を開いて埋められているほどだ。普通「手足」と言う。手の次が足である。しかし世阿弥は「足・手をつかひて」と、優先順位が逆なのである。これについてはまた後に考える。

能の舞台　ことにことに橋がかりの遠見の風体

橋がかりに立つ演者の眺めは美しい。世阿弥時代は鏡板がなく舞台の真後ろに橋がかりがついている図が遺されている。円形劇場の発想そのものである。国立能楽堂のステージで梅若六郎（玄祥）がこの様式を試みたことがあるが、妻の夢の中に次第に姿を濃くしていく平家の公《きん》達《だち》「清経」には、まことふさわしかった。

六メートル四方の舞台と、長い橋がかりのセットは、能の空間哲学である。

四本の柱は屋根を支えるためのものではあるが、区切られているからこそ無限に広がるという能の逆説の実証でもある。能の舞台は、ひとつの小宇宙であり、聖域である。

橋がかりは通路、そして演戯の空間でもあることももちろんだが、あの世からこの世にかけられた「橋」である。観世寿夫が語ったことだが、揚げ幕を前にして出を待つと、膝ががくがくするほど怖い。ところがステージに設けられた舞台だとそういうことがないというのだ。これは能舞台の橋がかりが、異次元に踏み込むおののきを、演者に強いる証拠ではあるまいか。

東西両洋文化の仲立ちとなったヨネ・ノグチこと野口米次郎は、その名著『能楽の鑑賞』（第一書房　一九三九年）にこう述べている。「能楽（能劇といってもよい）の真生命はこの橋掛にある。橋掛で芸術的効果を納めない曲目は、不成功な作品であるといっても過言でない。舞台に比較して素敵に長いこの橋掛位暗示的なものは、世界の舞台芸術いずれを尋ねても見当るまい」と。世阿弥は「勧進能の桟敷数、をよそ六十二、三間也」と言う。昔は消防法がなかったしと首をかしげながら、舞台設営の専門家・旅川雅治は、四百七十から七百人くらいの観客数かと推定する。

現存する最古の能舞台は、西本願寺の国宝北舞台である。信長が本能寺で討たれる前年の建立。この時代には、すでに舞台様式が定まっていたことが判る。

能楽堂という建物の中に能舞台がある今日の様式は、明治後期以降のものである。

ピサの斜塔の傾き過ぎを修復した東大教授に会ったことがある。能楽堂に初めて入って驚いたのは、シンメトリーでない演劇空間があったのか、ということだったという。

しかも観客と舞台を隔てるカーテンがないのだ。何もない「無」の舞台に、ひとつのドラマが生じ、それがまた「無」の世界に戻る。禅の心に導かれたものであろう。ここにこそ能の哲学がある。地謡の囃子方もいなくなっての空白こそが能である。帰路を急いで席を立つ観客の愚かしさ。賀茂の祭りについて兼好法師はすでに言っている。行列を見るだけが葵祭ではない。祭りの終わった後の虚しさまで味わってこそ「祭見たるにてはあれ」と。

能の装束　女能には、小袖を長々と踏み含み

贅沢の代名詞のような能装束が完成するのは、桃山時代の技術と富を待たねばならなかったとされる。『八帖本花伝書』の時代になると、当然のように「上着は、唐織《からおり》を本とせり」とある。

世阿弥の伝書に、装束に関する記述はごくごく少ない。袖を長くつけて男の手を隠せとか、「練貫《ねりぬき》に水衣《みずごろも》」「柳裏の衣踏み含み」とか、水衣を曲によっては彩色してもよいといった記述が散見するばかりである。当時は有職《ゆうそく》の装束や、日常の衣装が舞台に用いられていたと思われる。水衣だけは能独特のデザインとされるが、この名称が世阿弥伝書に出ているのは注目される。

水衣は、男女の別なくダスターコート風に用いられる装束で、「松風」などでは裾に市松模様の箔をデザインしたりする。「隅田川の能、あまりに初めは色なき能なれば、此旅人などには、大口を着てもよろしかるべし」と、水衣のほかにはわずかに「大口《おおぐち》」の名称が見える。白いゴワゴワした袴《はかま》である。しかし、

唐織　長絹《ちょうけん》　舞衣《まいぎぬ》／鬘帯《かずらおび》
狩衣《かりぎぬ》
直垂《ひたたれ》
半切《はんぎり》　指貫《さしぬき》　長袴
赤頭《あかがしら》　白頭《しろかしら》　黒頭《くろかしら》

といった、今日の装束の名称は記載されていないのである。

さて装束の一部ではあるが、白足袋の演戯は、現代の能の凜々《りり》しい美学を支える。名人・桜間金太郎（弓川）の「隅田川」を見た芥川龍之介は、運びの美しさをこう書いている。実際に足に触りたい欲望を感じた。少なくとも白足袋を脱がせてつらつら眺めたい欲望を感じた。あの足は平凡な肉体の一部とは思われない。「必ず足の裏の皺の間に細かい眼か何かついていそうである（「金春会の『隅田川』」）」と。

能は歩行の芸術とされ、足だけあれば能は舞えるとまで言われる。「運び」は現代ではもっとも重要な演戯であるが、足を踏むという記述はあっても、運びの指示が世阿弥に見当たらないのは、これまたなぜか。まだ摺《す》り足の演戯は生まれていなかっただろう。

観世清和宗家は次のように言われる。「間違いなく武道よりきていると思います。農耕儀礼、すなわち大地を踏みしめ、固めるというところからきているという説もありますが、やはり重たい二本差しを腰に差して移動する為には不可欠な所作であります。摺り足の所作は世阿弥の時代にはなかったと思います。ただ明確な時代はわかりません」。

武道家の意見もこうだ。「戦国時代末期から江戸成立の新陰《しんかげりゅう》流では、踵《かかと》を絶対あげるな、という教えもあり、宮本武蔵の記述と合致する。現代剣道より、能に近い運歩であったはず」。武蔵の『五輪書』には、「足のはこびやうの事、つまさきを少しうけて、きびすをつよく踏《ふ》むべし」という意味の記述がある。

当時の武士は革足袋であり、今のような白足袋は江戸も宝暦以降という。コハゼ（足袋の留め金）も江戸後期からとされる。

金剛流の「道成寺」の古式の演出には革足袋を穿《は》くとあるが、私は見たことがない。狂言の卵色の足袋は、革足袋の名残ともされ、能の白に対する遠慮とも言う。白は清浄の象徴であり、能舞台はもちろん、弓道場、相撲の土俵も白足袋着用が鉄則である。しかし能面研究家・中村《なかむら》保雄《やすお》によると、指の分かれた足袋は桃山以降、白足袋は宝暦ころ、それまでの能役者は素足か、せいぜい色足袋だったと言う。能のイメージは大きく変わってしまう。白足袋の運びこそ能の進化の、美的革命ではなかったか。

能を履き物を用いぬ演劇と定義することもできる。世阿弥の『二曲三体人形図』は、女体など日本最初のヌードの絵と思われるユニークなものだが、どの絵姿も足袋を履いているようには見えない。ただ鬼神の役がケガリハ（毛狩羽）と呼ぶ沓《くつ》を履いている。熊の毛と聞いたことがある。喜多流の「谷行《たにこう》」に、超人・役《えんの》行者《ぎょうじゃ》の役がアシダを履くという演出があると聞く。「張良《ちょうりょう》」の能で沓を履いて出、後見が投げるのではなく、シテが自分で激流に沓を蹴り落とす演出が、喜多流で行われることがある。

なお、世阿弥の伝書に「足袋」に類する用語は一語もない。

能の扇　扇にてもあれ　かざしにてもあれ

「扇」の文字は世阿弥の伝書に二十一例を数える。「舞止むる時の扇は、広げたる端《つま》にて袖の口を受けて、じっと止むるなり」（『申楽談儀』）などの、具体的な記述もある。増阿弥《ぞうあみ》が演じたという「扇落としの手」とは、どのような演技だったのだろう。「世阿一流はかくはなし」とある。現代の能で扇を落とすのは「八島」の「弓流《ゆみながし》」の特殊演出のときだけではなかろうか。

能の扇は武士の刀のごとく、必須のものであり、心の、そしてあらゆる演戯のよりどころでもある。ジャン・ルイ・バロオは、扇の印象をこう述べている。「扇は思考そのもののようであった。思考はゆっくりと開き、或いは一度にパッと開く。そして震え始める。それは声と同様、自己表現をする。太陽光線の熱で光が震えゆらめくように」。

ふたつの孤とふたつの直線の造型。扇は能の表現の「眼」である。閉じられて黙し、開かれて多くを語る光となる。バロオの師匠格であるポール・クローデルは、扇についてこう語る。「扇はまるで翼のように、脈動し、大地を求め、空を漂ったり旋回《せんかい》したりしながら上昇する人間の思考の運動を余すところなく模倣するのである。それはあの色彩の構築物（華麗な衣装に包まれた演者）を変形し、その心臓の上でゆっくりと鼓動し、動かぬ顔の代わりにうち震える黄金と光の点なのである。それは、同時に咲き誇る花、手の内にある炎、鋭い矢であり、思考の地平線、魂の震えである」（『朝日の中の黒い鳥』）と。

『申楽談儀』に、世阿弥は「姨捨」の「月に見ゆるもはづかしや」の演戯を、「月に見ゆるもとて、扇を高く上げて、月を本にし、人をば少し目にかけて、をぼをぼと（たっぷり）し、し納めたらば、面白き風なるべし」と説く。姨捨山の名月を見に来た人達（ワキ）に、月に照らされた老残の姿を見られるのが恥ずかしいという表現だが、人ではなく照らしている月を中心に演戯せよと教えている。高く翳《かざ》された扇の扱いがもっとも生きる瞬間である。「姨捨」は、山に捨てられた悲しみも恨みも突き抜けて、月の精にまがうほどの透明感を描く秘奥の老女能。世阿弥の名作である。

能の謡　一調・二機・三声

世阿弥は謡について『音曲口伝（音曲声出口伝）』という伝書を別に遺している。その最初の項目が「一調・二機・三声」である。

これから発する声の高さ、声の張り、緩急を、心と身体の中で整えるのが第一段階。そして声を出す「間」を測るのが次の段階。「機」はタイミングともとれるし、気合ともとれる。声を発するまでには、常にその過程を踏む必要があるという指示である。

能は絶対音という考え方をしない。最初の地謡の謡い出しの高さは、地頭《じがしら》と呼ばれる統率者にまかされている。かつては「だから原始的な音楽だ」と考えられた時代も長かった。能は五線譜とは逆の発達をとげたのである。

人間の声であるから何オクターブ違うわけではもちろんない。しかしその日の最高の音程は微妙に違うはずだ。能はそう考える。

世阿弥は「時の調子」と言う。その日の役柄、自分のコンディション、相手役の息と気合、観客の数から演能の場、季節から風向きから温度・湿度まで、あらゆるデータをコンピューターに入れて、最善の音程を決めて謡い出せというのだ。

即興的、偶発的というのではない。能は常に「偶然の中の必然を探る作業」を連続しているのである。

今日の謡ではツヨ吟《ぎん》、ヨワ吟というふたつの謡い方がある。それとは直接つながらないのだが、世阿弥は「祝言の声」「望憶の声」という言葉を使っている。強々としためでたい声と、嫋々《じょうじょう》と想いを謡いあげるような声である。

「音曲とは能の性根也」。世阿弥が伝書の中で一番多く語っているのは、謡に関することではなかろうか。

十二歳のときに聞いた、「音曲の先祖」と言われた喜阿弥《きあみ》の「昔は京洛の。花やかなりし身なれども」の深い趣。「音曲が持ちたる能なり」と言われた増阿弥の「冷えに冷えた」能。足利義満が、「小股を掬《か》かうと思ふ共、ここはかなふまじき」と少年時代の世阿弥に「御感のあまり御利口」、お世辞を言ったという「それ一代の教法」の「自然居士」の観阿弥の謡は、「音曲をし替えられしこと、神変也」と讃えられている。「田楽節」「観世節」と差はあっても、感動の基はひとつであると世阿弥は言う。世阿弥自身のエピソードもある。「実盛《さねもり》」の「名も有らばこそ名乗りもせめ」の謡が、「世子一人のもの也」と絶賛されたと『申楽談儀』にある。

ちなみに、能は武士階級独占の観があるものの、謡は江戸期には庶民の間に大流行した。古典の知識のダイジェスト版、百科事典的な効能の色合いもあった。近松や西鶴の作品を見ると、読者が「謡を当然知っているはず」を前提として書かれた文章も多いのである。

当時の謡本は自由出版であったから、百を数えるほどの書肆《しょし》が乱立したという。バイブルの場合を除いたら、例えば現代に至る「羽衣」などの出版部数は、おそらくギネスブックものではあるまいか。

世阿弥は能を「舞歌二道《ぶかにどう》」と定義した。舞という様式にまで高められた演戯と、歌、つまり謡と囃子の音楽的要素の融和が能であるというのだ。

能は「室町ミュージカル」であった。

能の楽器と職制　今日の笛、ことにことに神変にて候ひつるなり

能の演劇としての特徴はドラマの頂点部分に、意味のない器楽演奏の「舞」が舞われることはすでに述べた。「井筒」の序ノ舞は、女性の慕情の結晶体である。にもかかわらずいわゆる「舞事《まいごと》」に関する記述が世阿弥にほとんどないのも不思議である。「翁の舞」以外は、「観阿ハ天女ヲバセズ」、世阿弥が舞い出したという「天女之舞」の名称を見い出すばかりである。ちなみに現代の能の舞は、次の通りの名称が与えられている。

A群　真《しん》ノ序ノ舞　序ノ舞　中《ちゅう》ノ舞　破《は》ノ舞　早舞《はやまい》　黄鐘《おうしき》早舞　男舞　神舞　急ノ舞

B群　神楽　鞨鼓《かっこ》　楽《がく》　猩々乱《しょうじょうみだれ》　鷺乱《さぎみだれ》　獅子　乱拍子《らんびょうし》

C群　翁ノ舞　千歳ノ舞　三番叟ノ舞

D群　舞働《まいばたらき》

E群　カケリ　イロエ　祈リ

能は、音楽性が非常に重い演劇である。それなのに世阿弥は謡に関してあれほど懇切に説いているのに、楽器のことはほとんど触れていない。「御前ノ能ニハ、鼓・太鼓ナド、カネテハ庭ニ出ダスマジ」（『申楽談儀』）とある。山形の雪深い里の黒川能では、今も囃子方の床几《しょうぎ》は舞台に置きっぱなしであるが。これなど瑣末《さまつ》のことではないか。

観阿弥のシテと世阿弥の子方の音程がうまく調和しなかった。そのとき、笛の名人がいみじき笛でその間を彩ったというエピソードが詳しく語られ、笛の役者は「当座一会の序破急にわたりて調感をなす、一大事の曲役なり」と力説されているが、「鼓の役人」は「為手の心を受けて」とあるだけで、謡と絡む鼓の重要性については説かれていないのだ。これも世阿弥伝書の疑問点である。

現代の囃子方の立場は、歌舞伎の下座音楽とはまったく違う。伴奏楽器ではないのだ。それぞれの役がシテと対等にぶつかり合う立場にある。笛と小鼓と大鼓はあらゆる能に参加するが、太鼓の役は曲によってである。それも、曲の全体を演奏することはなく、主として後シテの部分を担当する。太鼓が入るか入らぬかは、能の演出を大きく左右する。神の能の脇能物と、鬼の五番目物には必ず太鼓が加わる。私は、太鼓は異次元の存在をこの世に誘導する、特別な楽器ではないかと考える。太鼓の有無両様の演出があるのは、「砧」「天鼓」「藤戸」の三例にとどまるのではなかろうか。

なお「翁」は能以前の芸能であり、笛と小鼓三人。白い翁の前半の大鼓は、正座のままわずかにあしらうだけだが、後半の三番叟になって初めて床几にかけて観客と正対し、躍動的な演奏を始めるのだ。「翁」には太鼓は参加しない。

そもそも、笛と小鼓と大鼓と太鼓という能のオーケストラの構成は、いつ誰によって決められたものだろうか。笛が正座して横たえて吹く。小鼓は床几にかけて下から打ち上げる。隣の大鼓は水平に打ち込む。正座した太鼓は、二本の撥《ばち》で打ち下ろす。この梯形《ていけい》、左右シンメトリーの見事なバランスも、世阿弥時代からのことだろうか。

かつて笛方は、今日の黒川能のように、揚げ幕に正対していた。笛の役は、幕の上げ下げを見うる位置にあった。今日の五流の能は、「清経」の「恋之音取《こいのねとり》」の重い演出の場合のみ、笛方が膝行《しっこう》して出て九十度方向を変え、シテが謡い出すと元に戻る。妻の夢の中に、清経の亡霊が次第に輪郭をはっきりさせていくすぐれた演出である。ちなみに能の笛の音は右方向に出るから、ステレオ録音では位相が逆になりやすい。幕に向かって座ると、鏡板が見事な反響板になるのだが。囃子方が一列になったのもいつのことか。

能には判らぬことがあまりにも多い。第一、世阿弥の伝書の中には、笛と太鼓、鼓という言葉はあっても、小鼓、大鼓という名称も出てこないのである。

なおワキに関する記述もごくわずかにとどまる。素顔のまま出て、現実の男性の役だけを演ずるワキ方が独立するのは、室町中期以降とされる。世阿弥の言う「脇の為手《して》」というのは、現在のワキやツレなど、広義の助演者を意味していた。今日の能は、シテ方、ワキ方、狂言方という演戯者と、囃子方と総括される器楽演奏者、笛方・小鼓方・大鼓方・太鼓方の職制により構成され、それぞれ専業で、ほかの役を兼ねることはまったくない。

狂言　笑みの内に楽しみを含む

同じ舞台で、能と交互に、あるいは互いに支え合いながら演じられてきた狂言。この共存関係は世阿弥時代からのことである。

能と狂言は別々の演劇か、あるいはふたつでひとつの演劇か。これには両様の考え方があろう。

能はそもそも笑わぬ演劇である。「翁面」のアルカイック・スマイルは天下泰平の笑いである。「猩々」は微醺《びくん》の楽しさであって、ドラマとしての笑いではない。

複雑な笑いの内容は、能面でカバーするのは不可能であった。能は笑いの世界を狂言にゆだねることによって、孤高の演劇世界を築きあげることに成功したのである。狂言との共存こそ能のドラマの均衡を保つための必須のバランスである。

狂言方の責務は、「翁」の三番叟の役を舞うこと、アイ狂言として能の進行に参加すること、狂言独自の演目を上演すること。この三つである。

「三番猿楽、ヲカシニハスマジキコトナリ。近年人ヲ笑ハスル、アルマジキコト也」とあるから、この役でも笑いをとろうとする狂言方がいたのであろう。三番叟という大事なポジションを狂言が担当してきたということは、特に重視せねばならない。

世阿弥はまた「能の道やり」、つまりナレーター役のアイ狂言が、観客を笑わせようという意識を持ってはならないとしている。能のシテ方が狂言に加わることは、古典の場合皆無だが、狂言方はアイとして能に参加する重い責務を持つ。解説役であり、アイは能のドラマの進行に抜き差しならぬ関与もする。

世阿弥は、狂言にも「幽玄の上類のをかし」「笑みの内に楽しみを含む」という、上品な笑いを要求している。「よき人のよき笑い」、誰が言った言葉か、これほど狂言の本質を簡潔に言いえた例を知らない。

世阿弥の文書の中に、狂言の曲名はひとつも出てこないのはなぜだろう。狂言の脚本が文字として残るのは桃山時代の『天正狂言本』を待たねばならなかった。現存する最古の能舞台、国宝の西本願寺北舞台の時代である。

セリフ劇であるための流動性もあるが、狂言は長く能の下風《かふう》に立たされてきたこともあろう。特に江戸時代は、笑いは下品なものという考えが強かった。

狂言が能と並び立つ存在として扱われるようになったのは、なんと第二次世界大戦後のことである。狂言の名人の輩出、その後継者達の新しい運動と芸位、気鋭の学者による、狂言こそが日本演劇の原点とする論説が、狂言のあるべき位置を確立した。

現在はその次の世代、世界的な演劇人となった野村萬斎《まんさい》などの才能と同時に、時代の要請でもある。「かつて狂言方はシテ方の奴隷であった」と語る人間国宝がいるほど、狂言は能に隷属するものという意識が長く続き過ぎた。狂言の再評価と、狂言の演戯者の映画、テレビ界での活躍は、ごく最近のことなのである。

三、花の巻　世阿弥語録抄　初心忘るべからず

世阿弥が現代に生まれたならば、コピーライターで名を成したのではあるまいか。造語癖の嫌いもあるが、ともかく心を打つ言葉を創る、希有の日本語使いであった。

離《り》見《けん》の見《けん》（『花鏡』）

宇宙飛行士の野口聡一《のぐちそういち》。長期滞在クルーであり、日本人として最初の船外活動を行った人であり、宇宙探検家協会のアジア人初の会長に選任された人である。闇の宇宙の船外作業は、宇宙服のグローブ越しの指先感覚しかない、物理的な視界にこだわらず、離れた場所から見た鳥瞰図的な視野を、つまり視点だけを体から離して宇宙空間に置くのだと前置きして『スィート・スィート・ホーム』（木楽舎　二〇〇六年）に、こう述べている。

僕より600年前に生まれた世阿弥は「離《り》見《けん》の見《けん》」という言葉を残している。自分自身の姿を離れた場所から客観的に眺めるような視点を持てたということだ。三間四方の能舞台に無限の広がりを求めた世阿弥と、無限の宇宙にあって一寸の誤差も許さない船外活動と、

時空を超えて相通ずる精神を感じるのは僕だけであろうか。ひょっとしたら、時速2万5000キロで地球を周回しながら、危なっかしい僕のEVA初舞台を後ろから見ていたのは世阿弥だったのかも知れない。

能と宇宙の見事な合致である。

普通のステージであれば、観客は正面にしかいない。一方向への演戯がすべてに近い。しかし円形劇場の空間に近い能舞台はぐるっと観客に囲まれている。演戯者は前は見えても後ろは見えない。能役者は能面をかけているから正面の視野すらも極度に狭い。自分の舞姿を、後年のポール・クローデルが名付けた「動く彫刻」、あらゆる角度からの視線に完璧を期するにはどうするか。柳生新陰流の四方正面と能の球体志向の近似を説く人もある。

世阿弥は言う。さまざまな観客の目の位置に自分の心の目を置いて、自分の舞姿を眺めよ。それが離見の見の理論である。

これはモニターカメラをびっしり設置して、そのすべての画像をチェックして演戯せよということではないか。世阿弥の考えは、常に新しい発想に満ちている。

中央公論社、日本の名著『世阿弥』のときであった。山崎正和の「変身の美学──世阿弥の芸術論」、観世寿夫の「演戯者から見た世阿弥の習道論」に、観世寿夫・山崎正和・西野春雄の世阿弥伝書全現代語訳、それに私の世阿弥の視点からみた「能への招待」が付属する、凝縮した内容となった。（寿夫は能楽師という言葉を嫌い、演戯者に固執した。本書も多くそれに倣った）。

「離見の見」のところにある「担板感」という言葉は、以前から問題になるところであった。昔はこういう書物があったのだろうとも言われ、今日では「担板漢」、板をかつぐ男と解されている（堂本正樹は、『碧巌録《へきがんろく》』などにある、「担板漢」を世阿弥が聞きかじりで書き違えたとする）。

この時、寿夫が「これは能面をかけて視野のほとんどを失った能の演戯者をいうのではないか」との説を出し、これを受けて、次のような丁寧な西野春雄の現代語訳が生まれた。

「禅林には『担板漢』という俗語があるが、これは板をかついだ前しか見えない男の意味で、一方的な見かたしかせぬ愚かな人間を罵る言葉である。面をつけ舞台にあがっていると前しか見えず、ふと自分をこの『担板漢』のように実感する私だが、その私がいましめていうのである」。

前しか見えないどころでなく、能面をかけての視野はごく一点に限られる。能舞台の四つの柱が自分の位置と方向を計る唯一の目標。特にその一本は「目附柱《めつけばしら》」と呼ばれるほどだ。「離見の見」という世阿弥のすぐれた発想も、能面に導かれたものであったに違いない。

野口宇宙飛行士の文章は、現代の神話と言う人もあるほどだが、彼が宇宙船に持ち込んだ私物の中に、なんと「羽衣」の能に使う天女扇があった。オバマ大統領とのテレビ電話中継には、これを手にしておられたに違いない。

武道家として自らも能を舞う思想家・内田樹《うちだたつる》は、ラグビーやサッカーの「スキャニング」との相似を指摘する。上空から自分を含むすべてを「俯瞰《ふかん》的に把握する能力」である。

メジャーリーガーのイチローが、常に自分の成績やコンディション、記録に挑戦する際に、「イチローという選手に対する見方は、僕が一番厳しかった」という言葉を、まさしく「世阿弥の離見の見」と評する人もある。手作り醸造酒のラベルにまで「離見の見」があり、「固定観念にとらわれず、あぐらをかくことなく、常に一歩離れたところから全体を見る〝離見〟の心を失わない、そして己を知るという意味を持っています」などと説明されている。

コピーライターとしての世阿弥の傑出は、現代に広まりつつある。

是非初心を忘るべからず。時々の初心を忘るべからず。老後の初心を忘るべからず。（『花鏡』）

能楽師の結婚式であってもきっと誰かがスピーチに引用する。「長い人生にあっては夫婦の愛に危機も訪れるだろう。喧嘩《けんか》もするだろう。しかし今日の初心の新鮮な感動を思い起こして、それを乗越えなさい。世阿弥曰く。初心忘るべからずと」。入社式の社長の訓示にも使われているだろう。

しかし世阿弥はそのような意味で言っているのではない。是非は是非善悪の是非。是はよい、非は悪い。下手な自分も棄《す》てずに取っておけというのである。それは、どれほど上達したかを測る「座標」として必要になる。あるいはベテランに達したときに、初心のころのやり方を演戯に加味することは、新鮮な効果を生むというのである。

「時々の初心を忘るべからず」。今日は昨日の続きではない。明日は今日の延長ではない。その日その日、その瞬間瞬間が、新たな初心との対決なのだ。初心の限りない連続。世阿弥はそう考える。

そして最後の難しい老後の初心がやってくる。身体機能の低下は誰しも避けることができない。新たな初心の絶壁が目の前にそそり立つ。

『風姿花伝』を書いた世阿弥には、まだ老後の経験がなかった。五十過ぎても「花」を失わない役者は、父の観阿弥のほかには誰ひとりいなかった。しかし世阿弥も老いねばならぬ。老後の芸の開発こそ、世阿弥の業績の最たるものであった。

去年《こぞ》盛りあらば、今年は花なかるべき事を知るべし。時の間にも、男時《おどき》・女時《めどき》とてあるべし。

（『風姿花伝』別紙口伝）

世阿弥の言う男時・女時は「ツキ」の理論である。「七年の豊作の後に、七年の不作」とも言い、柿の生り年もあり、実らぬ年もあるように、長いスパンもあれば、短い時の間にも、勝つ神様はあちこちする。

立ち合いの場で、相手の座の出来がばかによいのは、男時が敵の座にあるからだ。まともにぶつかるとこちらが負ける。そういうときは逆に控えめ控えめに演戯して力を貯えておき、こちらの座に男時が回って来た瞬間を捉えて、全力投球せよというのである。そのタイミングを測れ。当時の座の立ち合いは、戦場であった。為政者なり貴族なりの好みの変化は、それこそ座の命運を左右した。

この世阿弥理論は、バイオリズムのカーブと面白いほど合致する。人間は生まれると、身体リズムが二十三日、感情のリズムが二十八日、知性のリズムが三十三日の周期で繰り返すという説である。プラスが男時の好調期。マイナスが女時の鎮静期、むしろ充電期である。このバイオリズムについては、統計学的な資料を疑問視されて流行らなくなったが。

世阿弥の考えは、なぜか現代と重なり合う。なお『男時・女時の文明論』『男時・女時のヒット商品術』などから、向田邦子、渡辺淳一の作品の書名にも用いられている。野球、競馬、麻雀から、投資の世界でも使われているらしい。

秘スレバ花ナリ。秘セズハ花ナルベカラズ。（『風姿花伝』別紙口伝）

「世阿弥は『美』以外のものは容赦なく切りすてた点である。つまり『花』以外のものはすべて捨て去った。世阿弥は決して思想を語ろうとしなかった。彼が語ろうとしたのは『花』であった。そして生涯をかけて『花』を語り終ったとき、花そのものがひとつの不抜な思想となり得たのである。」

この感嘆を書いたのは、そのエッセイ集を『秘すれば花』（新潮社　一九七一年）と名付けた立原正秋であった。

次は「偽花伝書・にせもの条々より」。昔の朝日新聞の「天声人語」である。

にせもの天国の世なればそのあだ花の数々をいかにもいかにもたしなむべし。にせもの道はおよそなにごとをも残さず似せんが本意なり。にせガダニーニにつけたるにせ鑑定書のごときはことさら、よくよく原本をたずね、こまかに似すべし。秘すれば本物なり。

このような世阿弥のパロディが作られるようになったかと、当時感慨があった。一九八一(昭和五六)年、権威ある教授が、大学と学生にバイオリンを不正斡旋したことが発覚し、芸大を揺るがす事件となった話である。

秘伝とは何か。中世の言葉を調べるには必須の、ポルトガル人宣教師が作った日葡《にっぽ》辞書を引くと、「(秘し、伝ゆる)すなわち隠《かく》いて教ゆる、こっそりと教えること」とある。

「月刊秘伝」という古武道の専門誌が出ているほどの現代だが、武の肉体技ではなく、日本文化の秘伝としては、古今集の「古今伝授《こきんでんじゅ》」がもっとも有名であろう。『古今和歌集』の秘密の伝承である。関ケ原の合戦で、石田三成の軍勢に囲まれた細川幽斎は討ち死にを覚悟するが、後陽成天皇の勅命によって和議が成立する。幽斎が死ねば古今伝授が絶えるというのだから、その重視ぶりは異常に思えるほどだ。

「三木」は、「おがたまの木」「めどに削り花」「かはなぐさ」、「三鳥」は「よぶこどり」「ももちどり」「いなおほせどり」とされるが、この秘密を知っても、和歌がいきなり上達するとは思えない。神道関係の重大な秘密が隠されているともされるが、歴史ミステリー作家・伊沢元彦さえも、「古今伝授とは、結論から言えば、それはよく分からない」とするほどである。

世阿弥の秘事は明晰《めいせき》を極める。その内容をオープンにしてしまえば、なんでもないことだ。秘密にしておくからこそ大きな効果を持つというのだ。「秘事トイフコトヲアラハセバ、サセルコトニテモナキモノナリ。コレヲ、サセルコトニテモナシト言フ人ハ、イマダ秘事トイフコトノ大用を知ラヌガユエナリ」（『風姿花伝』別紙口伝）。

鵯　越《ひよどりごえ》の険阻を信じていたからこそ平家は破れた。馬で降りられることが判ったら、次は防ぐはずである。世阿弥は常に奇襲戦法を解く。

タトヘバ、弓矢ノ道ノ手ダテニモ、名将ノ案・ハカライニテ、思ヒノホカナル強敵ニ勝ツコトアリ。コレ、負クル方ノタメニハ、メヅラシキ理《ことわり》ニ化《ば》カサレテ破ルルニテハアラズヤ。（『風姿花伝』別紙口伝）

手の内を見せたのでは効果がない。花の秘伝を知っていることすら人に悟られてはいけないと言う。

附　秘すれば花を逆手にとった現在の小書《こがき》演出

第二次世界大戦後、能の技法研究の金字塔を築いたのは横道萬里雄《よこみちまりお》であった。横道萬里雄・増田正造『能と狂言』（大同書院出版・無形文化財全書　一九五九年）は、観世華雪の没した年に出版された。私は観世華雪の「三井寺《みいでら》」を見て、日本にこれほど美しいものがあったかと能の道に入った。この初めての本を出したとき、二十六歳であった。今読み返すと、「見るべきほどのことは見つ」、この時点からひとつも進歩していないことを恥じる。長男の蘭《らん》君がごそごそ這《は》い回り、横道先生が逆にベビーサークルの中に鎮座ましましての執筆であった。ユニークを極めた人でもあった。「子守をしながら内弟子に入りたい」と言って叱《しか》られたが、これが叶《かな》えられていたら、私も学者になっていたことだろう。余談だが、先生は能楽堂結婚式の元祖であり、私も先生を立会人としてそれに倣った。その後能の研究者に流行し、世阿弥研究に大きな足跡を残す人びと、表章《おもてあきら》から、草深清《くさぶかきよし》、堂本正樹、西野春雄ほかに引き継がれた。

横道萬里雄は断言する。「世阿弥と現代とで変わっていないものは、能の詞章と能面だけだ」と。

世阿弥の「秘すれば花」の精神と逆行するのは、今日の「小書演出」ではないだろうか。「秘事を演ずるぞ」ということを最初からオープンにしておくのである。

世阿弥の「高砂」を例にとってみよう。初めは後シテが「老松」のような老体の神であったらしい。それが今日、山形県の農民による黒川能のごとく、強い面をかける荒ぶる神となり、室町の末ごろには、「邯鄲」の能の哲学青年の、憂愁味を帯びた風貌の「邯鄲男」の面で演ずるようになったとされる。神の意識の変化だろうか。

下間少進《しもつましょうしん》は、天皇の命令で織田信長との十一年にわたる石山合戦の和議に、本願寺を代表して血判を押した人物である。能の名手として千番以上の能を演じ、能マニア豊臣秀吉の能の顧問であった。その伝書『童舞抄』の「相生《あいおい》（高砂）」にこうある。「後、面、邯鄲男・平太。此の能に怪士《あやかし》の面用ひざる也。ただし観世には三日月の面をきる。金春には、弓八幡にあやかしをきる。急の急」。能面はカブルとは決して言わず、カケルとかキルと言う。

今日観世流の「高砂」は、邯鄲男の面を用いるのが普通だが、「八段之舞」という演出になると、「船弁慶」の武将の亡霊にかけるような「三日月」に変わる。強く演ずるという古い演出が、「小書」として伝承されているのである。

『八帖本花伝書』には、やはり「目に金《かね》の入りたる、早き男の面なり」とあり、囃子方が手揃《てぞろ》いならば「筋の面（額や鬢《びん》に血脈を浮き出させた怪士系の悽愴な相貌《そうぼう》）など着る事あり。筋男《すじおとこ》のときは、位、なを急なるべし」とある。

現代では、そのような演出のときは「高砂」の曲名の左脇に、小さく「八段之舞」と書き添える。そのために「小書」と呼ばれる。普段とは別の変わった演出をするぞということを「予告」して観客を集めるのである。

歴代の新しい工夫も加わり、能の演出の高度化、先鋭化、複雑化もあり、江戸時代は幕府への演出登録の義務でもあったろう。世阿弥の「秘すれば花」を逆手にとった宣伝方法、あるいは技法の誇示というべきである。

現在古典として継承されている能の八十パーセントにはこの「小書」があり、総数六百種類に及ぶほどである。例えば世阿弥の「花筐《はながたみ》」は、終曲部の謡の本文と謡のノリ（リズムのとり方）が改変され、世阿弥のままの文章が逆に「安閑留《あんかんどめ》」の特殊演出として残っていることもある。「清経」のシテの出に、笛が「恋之音取」の譜を吹くのは、今は重い演出だが、昔はこれが常態だったという。

六百年の時間の中で、能はさまざまな進化を遂げ、世界の演劇界最大の「固有種」となったが、世阿弥の精神が常に芯にあったことだけは動かない。

花ト、面白キト、メヅラシキト、コレ三ツハ同ジ心ナリ（『風姿花伝』別紙口伝）

『風姿花伝』に、世阿弥は「花」を説き続ける。前半の終わりで学習者が言う。花が大事なことはよく判りました。しかしまだ十分に体得できません。今はそれでよい、やがて判るときがやってくる。

こうして引っ張ってきた後に、世阿弥は言う。「花とて、別にはなきものなり」。花という「特効薬」があるわけではないと言うのだ。この大胆さはどうだろう。これを初期段階で言ったのでは誰も「花」を学ぶ者はあるまい。学習者の意識が圧縮されきった段階でスパークを放つ。世阿弥はこのタイミングを見切っているのだ。

花はイコール面白さであり、それは珍しさである。この明快な方程式はどうだろう。

イヅレノ花カ散ラデ残ルベキ。散ルユヱニヨリテ、咲ク頃アレバ珍シキナリ

(『風姿花伝』別紙口伝)

去年の桜と今年の桜と違うはずはない。しかし毎年新鮮なのは何故か。花が変わるのではない。それを待つ人の心が新しくなっているのである。散るからこそ、花は毎年珍しく咲きうるのだ。

桜を人びとは賞翫《しょうがん》する。しかしもう夏の花が見たいと思い始めているときに、桜を持ち出しても効果がない。あらゆる花の種を持っていて、観客の望むときに咲かせてみせねばならな

いと世阿弥は説く。

「年々去来の花」。初心の時代から老後まで、演者自体の花も変化する。しかし現時点だけの花を確保するのではない。かつて演じた芸風も、将来やるであろうはずの芸風もすべて身につけよと世阿弥は指示する。

能は生身の人間による団体芸術であるから、孤高の存在は許されない。常に後を継ぐ者を育てる必要がある。そのときに大所高所の次元から指導したのでは初心者は受け入れがたい。自分の初心の座標にまで降りてきて教える必要があるのではないか。

この「年々去来の花」をY軸にとる。「十体」、あらゆる曲目の変化をX軸にとる。そうすると無限の座標が可能になるのではないか、というのが世阿弥の論である。

かくして常に「珍らしさ」を観客に提供しうるのだ。

こういう話がある。秀吉が千利休の茶室の有名な朝顔を見に訪れたとき、垣根の花は皆摘み取られていた。茶室に活けられたたった一輪の花は、憤りに移りつつあった秀吉の心を奪ったという。一輪の花は、無数の朝顔の美を凝縮していたのである。そして朝顔の短い命は、早朝の凜気によってのみ支えられたものであった。

散るからこそ花は美しい。これが世阿弥の美学である。

現代という時代は、うつろわぬことをよしとして、その方向にのみ技術を進歩させてきた。新開発の「エフェメラル1《ワン》」によると、遺伝子組み換え技術で、朝顔が翌朝まで咲いているという。医学しかり。食品しかり。しかし、それは美の本質とは関わらぬのである。

私は映像作家として、観世宗家ほかの舞台録画を続けている。NHKが試験放送を始めたばかりの4K機材も導入した。しかし、映画は別として、映像記録は所詮記録にとどまるのである。舞台と観客との鍔競《つばぜ》り合い、その瞬間に消えていく美のうつろいなど、記録されようがないのである。

能だけではない、演劇の宿命は、その美は瞬間瞬間に消えていく。そのはかない一過性に賭けられた芸術だからこそ美しいのだ。

江州《ごうしゅう》には幽玄の堺をとり立てて、物まねを次にして、かかりを本とす。和州には、まづ物まねをとり立てて、物数を尽くして、しかも幽玄の風体ならんとなり。(『風姿花伝』奥義云)

当時、世阿弥の属する大和申楽(和州)のほかに、たくさんの芸能集団があった。中でも近江申楽(江州)は最大のライバルである。犬王という名手に世阿弥は私淑していた。高尚な芸風で「天女などをも、さらりささと、飛鳥の風にしたがふがごとくに舞ひしなり」(『申楽談儀』）と世阿弥は絶賛している。「犬王は、上三花にて、つゐに中上にだに落ちず。中・下を知らざりし者也」（『申楽談儀』）という役者であった。幽玄至上の芸であった。

犬王の芸風は、当時の貴族の趣味に合うものであり、足利義満は法号「道義」の一字を犬王に贈り、道阿弥《どうあみ》と名乗らせたほどである。ほかの座ではあるが、能という新しい芸能を開発した観阿弥を追慕し、その命日にはふたりの僧を招いて供養を欠かさなかったといい、先輩に当たる犬王を世阿弥がまた敬慕してその芸風を受け継いだ。美しい話である。犬王の死に際しては紫雲が立ったとか、天から花が降ったと伝えられる。

「幽玄」とは能を律する美意識である。閑寂とか余情の深さといった藤原俊成の歌論のとらえ方は、室町前期の歌僧・正徹《しょうてつ》（世阿弥同様将軍義教に嫌われた）のころには、咲き乱れた桜を盛装した女官が眺めている風情として、能の幽玄と重なってくる。世阿弥の家庭教師であった二条良基の連歌論では、可憐さ、優美さといったニュアンスで説かれている。『広辞苑』には「能楽論で、強さ・硬さなどに対して、優雅で柔和典麗な美しさ」とある。世阿弥は公家のたたずまいを「ただ美しく柔和なる体、幽玄の本体なり」（『花鏡』）とし、もう一か所、幽玄の具体例として、「白鳥花ヲ啣《ついば》ム、是《これ》幽玄ノ風姿歟《か》」（『至花道』）と述べている。品格のある優美さ、凛とした折り目正しさ。流線型の美。幽玄を美しさそのものと言い切ってもよかろう。ただし、その優雅さも、男性的な硬質の演戯と気魄《きはく》で支えられたものであるところに、能の主張がある。幽玄の美は、それが非幽玄の存在である鬼の場合にも求められねばならない。世阿弥は言う。「巌に花の咲かんがごとし」（『風姿花伝』別紙口伝）。

世阿弥の幽玄も、中期以降は禅の「無」に近く変容していく。世阿弥自身「感涙も流るるばかり」と言った「冷えに冷えた」田楽能の増阿弥の強い影響もあった。当時はさまざまな芸能が競い合った時代である。

近江申楽は唯美主義であった。劇的な基礎よりも風情、情緒を優先させた。大和申楽は演劇としての基盤を築いた上で幽玄を目指した。望む山頂は同じでも、登山口が異なったのである。近江申楽はやがて衰退する。その歌舞優先主義は、世阿弥によってことごとく吸収され、合体化し、さらに大輪の花を咲かせたのである。

年寄ノ心ニハ、何事ヲモ若クシタガルモノナリ。サリナガラ、力《ちから》ナク、五体モ重ク耳モ遅ケレバ、心ハ行ケドモ振舞ノカナワヌナリ。コノ理《ことわり》ヲ知ルコト、マコトノ物マネナリ。

（『風姿花伝』別紙口伝）

能とて演劇であるから写実が大きな要素であることは言うまでもない。世阿弥は「物まね」

という。『風姿花伝』の第二章は「物学条々《ものまね》」と名付けられ、繰り返すが、女・老人・直面・物狂・法師・修羅・神・鬼・唐事のジャンルに分けて説かれている。後年の世阿弥は「老体・女体・軍体」の三体に凝縮するのだが、世阿弥の指向する「物まね」は、西欧のリアリズム演劇や、例えば歌舞伎の女形の方向とは違っていた。「なに事をも残さず、よく似せんが本意なり」と言いつつも、世阿弥の物まねは写実を超えた「写意」にあった。

女性に扮しても、歌舞伎のようにいかに女性らしく見せるかではなく、女性の美を昇華させ、抽象化しようとした。もっとも男性的な強い演戯で、至高の女性美を舞台に描きうるか。江戸幕府の式楽としての位置も、武士道的鍛錬もそれを先鋭化した。

老人の物まねについても、世阿弥はこう言う。「マズ、善悪、老ジタル風情ヲバ、心ニカケマジキナリ」。ヨボヨボと演ずるのではなく、若く見せたいと思う老人の願望を演戯の中心に据える。しかし耳も遠く、身体も弱り、「力ナク、五体モ重ク、耳モ遅ケレバ、心ハ行ケドモ振舞ノカナワヌナリ」。身体反応がやむをえずリズムに遅れていく。それが老人の物まねだと言う。実に的確である。この性根を押さえておいて、後は老人が望むように、いかにもいかにも花やかに演戯せよと指示する。「コノ理ヲ知ルコト、マコトの物マネナリ」。

コンスタンチン・スタニスラフスキーはモスクワ芸術座を結成したひとりだが、彼の創り上げた俳優の教育法は、「近代リアリズム演劇」を体系づけたもので、スタニスラフスキー・システムと呼ばれ、世界演劇界に大きな影響を与えた。観世寿夫も論じていた時期がある。ロシア革命前後の演劇人と、室町時代の世阿弥の時間の隔たりを思うと、世阿弥の先進性は際だつ。「スタニスラフスキー・システムを超える世界的に普遍化できる演劇論を、世阿弥は創造した」と言うのは観世寿夫の冥の会同人だった石澤秀二である。

太田省吾は現代を代表する劇作家のひとりである。その「小町風伝」は、能の老女物「卒都婆小町」に拠る作品で、特に能舞台での上演を指示している。

アパートに独り住む老婆は、檻褸《ぼろ》をまとい、蚊帳を引きずりつつ橋がかりを歩む。能の滑らかな運びではない。尺取り虫のような指先が二十五分かかって舞台に到達する。何の音もない。なにせこの主人公は劇中一言も発せず、最初の音が舞台に流れるまで五十分もかかるのだ。

青山の銕仙会舞台でこれを見たのは雪積む夜であった。畳の桟敷には若者が詰めかけ、しかもNHKが芸術劇場で放映した。能のスピードくらいで辟易《へきえき》し、退屈していたのでは、現代はとても生きられないのである。

杖をついたシテが橋がかりを出る。さすらう老残の小野小町の役である。能の場合、「小町風伝」の空白とは異なり、渾身の囃子が鳴っているのだ。彼女は九十九年の人生を十分ほどの時間に圧縮して歩む。「嬉しからぬ月日身に積もって。百歳《ももとせ》の姥となりて候」。一の松に佇ったシテが、杖をひとつつき左足を詰め、右足を添えるとする。その動きだけで、百年の時間の重さと老いの無惨さを表現する、これが能のリアリズムである。

梅若六郎（玄祥）の祖父の二世梅若実は、ドラマチックな能の名人であった。その「卒都婆小町」には、まさにそれが見えたのである。能の錬磨は至り至ると、ここまでの感動を可能にするのだ。

一期《いちご》初心を忘れずして過ぐれば、上がる位を入舞《いりまい》にして、終に能下らず（『花鏡』）

「舞楽で退場の直前に引き返して舞うこと。それを転用し、晩年にひと花咲かせる事を、『老の入舞』と言ったもの」と岩波書店の日本思想大系『世阿彌　禅竹』（一九七四年）の註にある。表章・加藤周一による世阿弥研究の盤石の基礎になる著書である。世阿弥語彙の検索に必須の中村格《なかむらいたる》『世阿弥伝書用語索引』もこれを基準の書としている。この『世阿弥の世界』も。

能の奥を見せずして生涯を暮らすを、当流の奥義、子孫庭訓《ていきん》の秘伝とす」（『花鏡』）。世阿弥

昇線を辿《たど》り続けて一生を終えるのが能役者の理想だと言っているのである。

の「道成寺」の例を書く。「道成寺」は気力と体力の極限に挑戦する能であり、こ

能役者としての技術習得の証明書である。初代金剛巌が六十五歳で没する最が、おそらくそれまでの「高齢者」の記録だったと思う。

初演して以来、技術偏重のこの能を嫌って演じなかったが、七十歳に及んと上演を予告した。落下する鐘に斜めに跳び込む荒技が桜間家の名物であの真下に行って鐘に両手をかけた。年寄りだから安全圏をとって観世流の跳ぶのかと一瞬誰しもが思った。道雄はいきなりぐるっと回って観客の度肝を抜くと、両手で扇を逆に構えるとなんと跳ばずに膝をついたのである。そこへ轟然《ごうぜん》と鐘が落ちた。金春流の後シテの鬼女は打ち杖（魔法の杖）を逆について、不動の姿勢で現れるのである。それと重なる姿であった。芸術祭の審査会では、その鐘入りの工夫よりも、全体にみなぎる女の執念の悲しさの表現に、異例の満票で大賞が決定した。

なんと道雄は八十歳で三度「道成寺」に挑戦する。これは敬老の日のNHK二時間番組となり、私が解説を担当した。一九八一（昭和五六）年のことである。放映の翌日、帝国ホテルで桜間道雄の誕生祝いがあった。彼は「昨日テレビで自分の舞台を見たが、まこと気に入らぬ。八十五歳でまた舞う」と宣言したが、その後間もなく検査入院のまま没した。

まさに世阿弥の言う「上がる位を入舞」にして一生を送った能役者の実例であった。

宝生流の名人近藤乾三《こんどうけんぞう》は、八十代で脳梗塞に倒れ、医者も驚くリハビリで舞台に復帰した。八十に至って、どんな若者も及ばぬ花を舞台に咲かせうる能の演戯者は、世界の演劇、舞踊の中でも稀な例ではなかろうか。もっとも歌舞伎にも九十歳まで舞台に立った中村雀右衛門《なかむらじやくえもん》の例がある。

附　能・老いの美学

世阿弥は「年来稽古条々」で、三十代、四十代を能役者のピークとして考えていた。五十に至っても花を失わない実例は、父観阿弥を見るばかりであった。

しかし世阿弥も歳を重ねる。男性の肉体的ピークは二十六歳と言われる。肉体機能の衰えを支えるのは心の深さである。世阿弥はそれを開発していく。

長寿はめでたいという概念で支えられてきた。「高砂」「養老」は老いの賛美である。

世阿弥は、「西行桜」で老いの閑寂を、「蟻通《ありどおし》」で静謐《せいひつ》を、「当麻《たえま》」でその透明感を描き、「実盛」で老武者の心意気を、「恋重荷」で老いらくの恋の怨念を、「山姥」は老いの世界の壮大さを舞台に展開した。

そして無文《むもん》の能、色もドラマも何もないが、深い味わいをたたえた能の高みにたどりつくのである。

能役者は老女物を最終目標とする。能はなぜ老いの世界をこれほど追求したのであろうか。小野小町も、全盛の小町よりも、老い衰え「昔の老いぞ恋しき」という年齢に至った小町を、あるいは百歳に及んで乞食となってさすらう小町を、なぜ描くのであろうか。

しかし現代の「散らさぬ進化」は、『こんな長寿に誰がした!』(ひろさちや　青春出版社　二〇一四年)、「長寿という悪夢/老人漂流社会」(NHK番組　二〇一四年)という時代となった。その「悪夢」「漂流」の年齢に焦点を当て、そこに最奥の美を設定する能は、なんともへ、そ、曲がりの演劇ではあるまいか。

「関寺《せきでら》小町」のワキが「颯々たる涼風と衰鬢《すいびん》と。一時《いつし》に来たる初秋の」と名調で謡うと、若いころの私は爽やかな秋の訪れを告げる洒落た文句と思っていた。ところが自分の髪が薄くなり始めると「衰鬢」が耳にさわる。そしてすぐに卒都婆だろうとかまわず腰掛けたくなる。「恋しの昔や。忍ばしの古《いにしえ》の身やと。思ひし時だにも。また故事《ふること》になりゆく身の。せめて今はまた。初めの老いぞ恋しき」。まさに老いの初期段階さえも、ひたすらに恋しいのだ。

世阿弥の作品ではないが、「鸚鵡《おうむ》小町」の「飽き果てたりな我が心」など身にしみて、なんという凄い言葉だろうと思うようになる。

世阿弥は挿絵を添えた『二曲三体人形図』の杖をついた老人の姿に「閑心遠目」の四文字を添えている。身体の反応が鈍くなると同時に、心は自ずと長閑《のどか》ならざるをえない。それなのに逆に物事がよく見えてくる、このギャップが困るのである。

繰り返すが「物学条々」で九つのジャンルに能を分けた世阿弥は、削り削って「三体」に至る。そのときにも「老体」「女体」「軍体」と、老人の演戯は重い位置を占めているのである。

例えば最奥とされる「関寺小町」は、観世流では演じた人が第二次世界大戦後十数例に及ぶが、ほかの流儀では明治維新以降、一度から数例に過ぎないほど重く扱われているのである。喜多流を興した英傑・喜多七大夫《しちだゆう》がこの能を演じたとき、伝承経路が幕府で問題化し、相手をした囃子方も閉門という処罰を受けたほどである。

老女の現実を描くだけではない、「八島」「忠度」「通盛《みちもり》」などは、若くして死んだのに、なぜ前シテが老人の姿で現れるのだろうか。

逆に「姥」と本文では言いながら、僧に木の実を捧げて成仏を願う「通小町《かよいこまち》」、老人の姿の通盛に連れ添う「通盛」の小宰相《こざいしょう》の局《つぼね》が、後の場と同じ若い女性で演じられる現代は、単なる上演の簡略化に過ぎない。本来姥の姿で前場を演じ、装束を替えて後場に登場すべきものである。

シェークスピアには、リア王も、ハムレットの父王も老いて登場するけれど、能ほど老人の登場する、あるいは老後の芸境に賭けた演劇は稀ではないだろうか。

老後の花だけではない、あらゆる世代にそれぞれの花を咲かせうる演劇を創始したのも、世阿弥であった。


怒レル風体ニセン時ハ、柔カナル心ヲ忘ルベカラズ。コレ、イカニ怒ルトモ、荒カルマジキ手立ナリ。……マタ幽玄ノ物マネニ、強キ理《ことわり》ヲ忘ルベカラズ。（『風姿花伝』別紙口伝）

世阿弥は一方向にのめり込むことを嫌った。これも常に対象との距離をおくことを主張した吉田兼好の発想と重なる。

世阿弥は常に、逆方向のテンションをかけることを説いた。世阿弥は軌道修正のための逆噴射ロケット発想の先駆者であったのだ。

強い演戯には柔らかな心を保て。これは強さが荒さになることへの戒めである。幽玄の演戯には逆に強さを忘れるな。幽玄とは弱々とした美ではなく、強さに支えられてこそ幽玄なのだ。

お汁粉に塩をひとつまみ入れると、甘さが深くなると昔から言う。味覚の比較現象を引き出すのだそうだ。逆の味を感じさせることで、甘さが強調されるのである。

例えば、菱田春草《ひしだしゅんそう》の傑作「黒き猫」。背景となる柏《かしわ》の葉は、能の鏡板の効果を思わせる。そこに一匹の黒猫。あの黒の毛並みのふわふわした質感は、わずかに加えられた白の胡粉《ごふん》による工夫という。

世阿弥はまた「是風《ぜふう》」に「非風《ひふう》」を加える効果を説く。是風は標準的な演じ方。非風は本来否定すべき正当ではない演技、「劇薬的演戯」である。たまにはそれを微妙に加えることによって、抜群の効果をあげうるのだ。名人にだけ許される工夫と『至花道《しかどう》』にある。

一切の事《じ》に、相応なくは成就あるべからず。よき元木の能を、上手のしたらんが、しかも出で来たらんを、相応とは申すべし。(『風姿花伝』花修云)

世阿弥は「成就」という言葉を好んで使った。三十を越える用例がある。

すべてにバランスがとれないと「成就」とはならない。よい素材の作品を上手が舞い、「しかも出で来たらんを」、それが観客に享受されて初めて能の成功、成就である。

演者はよく演じこなした。ところが意外に感動が生まれないことがある。「出で来ぬ事ある物也」。目利きの観客はこれがシテの責任でないことを理解しても、ただおおかたの人は、能も悪く、シテもそれほどではないと見てしまう。

世阿弥は、ひとつは時分の陰陽の食い違い、演戯者側と観客とのリズム形が合致しないか、あるいは「花の公案なき故《ゆえ》か」と言う。公案は世阿弥の好む禅の用語。観客にアピールするための「触媒」の工夫に欠けていたとするのだ。

演劇は舞台の独走では成り立たぬ。観客と相対による共同作業であることを、世阿弥は繰返し説くのである。

ワガ心ニモ、今ホドニ執スルコトナシト、大事ニシテコノ態《わざ》ヲスレバ（『風姿花伝』別紙口伝）

見慣れた観客がこうやるだろうと予期している。ところがいつものやり方にとらわれず、同じ型をするにも軽々とやってみる。節はもとより同じなのだが、工夫を凝らして彩りをつけ、声も美しく謡う。そして今ほど一所懸命なことはないと気をこめて演じたならば、いつもよりずっと面白かったと評判をとることができる。

「わが心にも、今程に執することなし」という言葉が光る。一期一会、まさにその工夫と気魄が能を今日に伝えたのである。

一期の堺ここなりと、生涯にかけて、能を捨てぬより外《ほか》は、稽古あるべからず。

（『風姿花伝』年来稽古条々）

『風姿花伝』第一章は「年来稽古条々」、年齢別の稽古のカリキュラムである。この言葉は青年期のスランプについての強い発言である。

七歳を稽古のはじめとし、この時期は基礎だけしっかり教え、写実的、心理的な演戯はたとえその子に才能があったとしても教えてはならない。「ふとし出さん懸かりを、うち任せて心のままにせさすべし」。

十二、三からは、ボーイソプラノの魅力もあり、能にも意欲を見せ始めるので、正しい過程を踏んで指導していく。「童形なれば、なんとしたるも幽玄なり」。中世は今では考えられないほど少年愛の時代であった。

観客の要求水準もゆるやかであった童形に続く「十七八より」。「鬼も十八。番茶も出花」の女性と異なり、男性の場合は声変わりをし、背だけが伸びて重心が定まらず、精神的にも不安で、挫折感に苛《さいな》まれる。観客の目も途端に冷たい。ここでへたばってしまうのだ。人の評価にかまわず、一生の境目はここ、自分は一生涯かけて能の道を進むのだと決意するほか方法がないのだ。的確な指導である。

やがて体格も心も安定し、男らしい声も出るようになり、生まれたての蝶のような新人の登場に人びとが驚く。いささか色あせたベテランよりも高く評価されることにもなる。しかしこれは、この時期だけの魅力に過ぎない。「時分の花」を「真の花」と錯覚して慢心し、消えていく有為の若者がいかに多いことか。この時期こそがようやく初心なのだと世阿弥は言う。

世阿弥の時代は三十四、五を「盛りの極め」とした。四十四、五からは肉体の衰えもあり、後進を引き立てるような控えめな演戯に移るべきだとする。

五十有余は、「せぬならでは手立てあるまじ」「麒麟《きりん》も老いては駑馬《どば》に劣る」とひどく冷たい。これを書いたころの世阿弥は四十前後、彼は自分の老後をまだ知らない。繰り返すが、五十過ぎても舞台の花を失わないのは、父の観阿弥ばかりであった。

世阿弥も老いてゆく。彼が開発した老後の芸。これこそ世阿弥の大きな業績の柱である。戦国から江戸を経た武士道的鍛錬と共に、能の美は進化していく。

現代の能楽界では、六十までは文字通り「新人」扱いである。

附　能役者の人生カリキュラム

世阿弥は七歳からの稽古を「年来稽古条々」に書いているが、現在では「鞍馬天狗」の花見の稚児の役を初舞台としている。これは数分間、舞台に座っているだけだから、三歳くらいから舞台に立つことになる。それから子方の段階を歩む。「橋弁慶」「船弁慶」の義経の役など、少年のやる気を起こさせる巧みな智恵である。元服したばかりの牛若丸が、盗賊の熊坂長範《くまさかちょうはん》一味を切り倒す「烏帽子折《えぼしおり》」が子方卒業の能となる。中世は美少年愛好の時代であり、「まず童形なれば、なんとしても幽玄なり」と世阿弥は力説する。

それから素顔のままで「初シテ」を演ずる。やがて「初面《はつおもて》」、能面をかける役を勤める。「石橋《しゃっきょう》」「猩々乱」から「道成寺」を演ずるのは、言わば技術習得証明書。内弟子からの独立である。「井筒」などの幽玄能も舞うようになり、「景清」「頼政」ほか、人生の節目になるべき演目がいくつも用意されている。「野宮」「定家」などは高度の演戯と心が要求される。

最後に老女物の高峰がそそり立つ。その登攀口《とうはんぐち》「卒都婆小町」。老女の役がついた能役者が、老女に嘲られて盗賊に変わったとする落語に、三遊亭圓生《さんゆうていえんしょう》の得意とした「梅若礼三郎」がある。昔は地謡のひとりびとりまでも還暦過ぎた役者を揃えたという。

続いて、「鸚鵡小町」「姨捨」「桧垣」から「関寺小町」に至る。あの大名人、十四世喜多六平太も、「卒都婆小町」「鸚鵡小町」までしか演じなかった。このような自己規制が厳しい流儀と、秘曲上演が緩やかな流儀がある。

しかし、定年退職の職種と異なり、能では最晩年に最高の目標がかかげられているのだ。

毅然《きぜん》とした老後をいかに迎えうるか。長く生きざるをえない時代を迎え、能の築きあげた老年までの人生の設計図は、現代人の生きるための大きな指標になるのではあるまいか。

「善悪不二」。……ヨキ・悪シキトハ、ナニヲモテ定ムベキヤ。（『風姿花伝』別紙口伝）

続けて世阿弥は言う。「タダ、時ニヨリテ用足ルモノヲバヨキモノトシ、用足ラヌヲ悪シキモノトス。コノ風体ノ品々モ、当世ノ衆人《しゆにん》・所々ニワタリテ、ソノ時ノアマネキ好ミニヨリテトリイダス風体、コレ用足ルタメノ花ナルベシ。ココニ、コノ風体ヲモテアソメバ、カシコニマタ余ノ風体ヲ賞翫《しようかん》ス。コレ人々心々ノ花ナリ。イヅレヲマコトトセンヤ。タダ、時ニ用ユルヲモテ花ト知ルベシ」と。

何度も繰り返すが、舞台芸術は、常に時間と空間を共有する観客との共同作業である。観客の好みを敏感に察知せねば生きのびられない。評価を未来に賭けうる造型芸術との根本的な違いである。

父・観阿弥がモットーとした「衆人愛敬《しゆにんあいぎよう》」。世の人の好みの最大公約数を演ずることが、一座繁栄の寿福であった。「しかれば、亡父はいかなる田舎・山里の片辺《かたほとり》にても、その心を受けて、所の風義を一大事にかけて、芸をせしなり」（『風姿花伝』奥義云）。

善悪不二。観客の求めるものこそが善である。砂漠の流浪では、どんな宝石よりも、一杯の水に価値があるのだ。

舞台と観客の融合によってしか咲かない、その場で消えていく芸術。その宿命を見据えながらも、時に世阿弥は「力なくこの道は見所《けんしょ》を本とする態《わざ》なれば」とため息を漏らす。「幽玄を翫《もてあそ》ぶ見物衆の前にては、強き方をば、少し物まねに外るるとも、幽玄の方へはやらせ給ふべし」（『風姿花伝』花修云）。

晩年の世阿弥に陽が翳《かげ》るのは、さまざまな理由もあるけれど、私は観客との共同作業にあきたらず、何世紀も先に能を見据えた彼の「絶対演劇指向」に、時代が反発したのではなかろうかと考えている。

劇作家・山崎正和は、元雅にこう言わせている。「見物ほど世に気まぐれなものはありませぬ。何が面白いのか、私自身わからぬ私に手を叩く。そうかと思うとつかの間に、人気は私を見放している。私は喝采などというものを、一日も真に受けたことはありませぬ。そのくせ私という男は、見物のあの喝采の中にしか命はないのだ」。演劇者の宿命である。

能は、若年より老後まで、習ひ徹《とお》るべし。（『花鏡』）

なんという澄んで強く、美しい言葉だろう。たゆみない研鑽《けんさん》。一筋の道に賭けた人生。能の修行者は、人生の長い橋がかりを、ひたすらにまっすぐ進むのである。「僕の前に道はない僕の後ろに道は出来る」（高村光太郎「道程」）。世阿弥の「気魄」を胸に秘めて。

命には終りあり。能には果てあるべからず。（『花鏡』）

「芸術は長く人生は短し」。辞書によるとこれはラテン語（Ars longa, vita brevis）で、ヒポクラテスが医術について言った言葉であり、医術を修めるには長い年月を要するが、人生は短いから勉学に励むべきであるという意味だとされる。紀元前五世紀の賢人である。芸術家の生命は短いが、芸術作品は作者の死後も永遠に残るという意味で広く使われている。

能には果てあるべからず。能の修行には果てしがないと解釈される。能の宗家として『〔新訳〕風姿花伝』（ＰＨＰ研究所　二〇一三年）を書いた観世清和は、「未熟を忘れ、そこに安住すれば、もはや芸は一歩も上達しない。世阿弥はそう言って慢心を強く戒め、だからこそ、能の道は果てがあってはならないというのです」と述べている。実技者としての世阿弥の把握である。

この世阿弥の言葉を拡大して私はこう読みたい。能の命には果てがないと。世阿弥は自分の美学が自分の生涯のうちにとか、数世代の後に完成するなどとは考えていなかったのではないか。数世紀の先にそれを見据えていた世阿弥は、むしろ怖ろしい。

事実、長い時代の研鑽を閲《けみ》して、世阿弥の幽玄の花を舞台に咲かせたのは、明治から第二次世界大戦後に至る名人達であった。

タトイ一子タリトイフトモ、不器量《ぶきりょう》ノ者ニハ伝フベカラズ。「家、家ニアラズ。継グヲモテ家トス。人、人ニアラズ。知ルヲモテ人トス」。（『風姿花伝』別紙口伝）

たったひとりの実子であったとしても、芸の器量のない者に道を伝えてはならない。能の家は血筋が伝わるのが家ではない、能の真実が継承されるのが能の家である。後継者は血筋の者とは限らない。能の真実を知る者こそが継ぐべきである。

能はこの厳しさゆえにこそ、七世紀近い命を継いできた。

江戸幕府の体制に組み込まれてからの能は、家元制度によって継承される。サラブレッドの血統はもちろん尊ぶべきである。しかしそれに寄りかからないのが能の姿勢である。家柄が最優先される歌舞伎の場合とは大きく違う。
芸術院会員や人間国宝の人びとを見ても、名門の出よりも一代の名人が圧倒的に多いのは、能の実力主義のなによりの証しである。
もう昔のことである。NHK「家伝　美の継承者たち」の番組のレポーターとして、観世元正（左近）先代宗家に話を伺ったことがある。先代はこう語られた。

「家、家にあらず。つぐをもて家とす。人、人にあらず。知るをもって人とす。もうこの言葉に尽きると思っております。たまたまその家に生まれたからといって、驕《おご》ってはいけない、常に自粛して世阿弥が言っておられたように、本当にその家を継げるような人間にならねばならないのだ、これが最大の言葉ではなかろうかと。たとい一人でもそういう人間を育てて、その人にバトンをタッチしていきたい。たいへんに大きな責任であると思っております」

世阿弥の心は、こうして受け継がれていくのである。

附記　『世阿弥伝書用語索引』（笠間書院　一九八五年）は、なんとも有難い労作である。編者は東京学芸大教授の中村格。あれほど幽霊の出る能を創った世阿弥に、「隅田川」の「亡者」があるばかりで、伝書には幽霊の言葉は「幽霊熊坂」の曲名以外一例もないことが直ちに判る。世阿弥の発明とされる夢幻能に関する記述もないのだ。仮に世阿弥理論の三本の柱ともいうべき「花」「幽玄」「物まね」の用例も、さまざまなことが読み取れる。基礎論は『風姿花伝』に網羅されていること、「花」から「幽玄」への傾斜が『花鏡』から見られること。等々。世阿弥研究に必携の書である。

四、伝の巻　世阿弥流転　万一少し廃るる時分ありとも

世阿弥生誕六百年祭の出来事　元雅抹殺とタイツ姿の世阿弥

先述の「観阿弥生誕六百八十年　世阿弥生誕六百五十年記念展」は、東京、京都、名古屋で大盛況裡に終わった。そのまた五十年前のことである。

一九六三（昭和三八）年、世阿弥生誕六百年ということで、新宿の伊勢丹で「能聖世阿弥

展」が催された。ちょうどそのころ野上豊一郎《のがみとよいちろう》記念法政大学能楽研究所所長の表章は、世阿弥の生誕は一年後だったという説を発表した。この論は劇的に三転四転して旧説に戻るのだが、展覧会は、ともかく「前夜祭」ということで開催が決まり、パンフレットの編集は、小林《こばやし》責《せき》・増田正造にまかされた。問題はそのときの観世系図である。

表章は、世阿弥の嫡子である観世元雅は、十年も大夫職を継いでいるのだから、「代に数えないとかわいそうだよ」と主張されて、三代元雅、四代音阿弥《おんあみ》とした。観世宗家文書調査の責任者であり、権威ある碩学《せきがく》の指示である。もっともこれはその時点における定説でもあった。『申楽談儀』には、「観世大夫元雅」と明記されているのだ。

ところがそれが観世流内で大騒動となった。奥付に観世側の責任者の名前は載せられない、編集側が勝手にやったことだと、もう刷り上がっていたパンフレットに「違う奥付」を一枚一枚貼ったのである。

ところが後に表章は説を修正し、『観世流史参究』（檜書店　二〇〇八年）ではこう述べる。「元雅が世阿弥の家督を嗣《つ》いで観世大夫となったことは確か」としながらも、観世大夫家の系譜は音阿弥を三世とし、元雅を世代数に入れないのは、幕府での大夫職の承認を得た形跡がないからである。従って幕府御用猿楽としては、観世大夫は世阿弥から音阿弥に移ったとするに難はないというのである。峻厳斧《しゅんげんおの》で断つがごとき表教授にしては、なにか両天秤《りょうてんびん》で歯切れが悪い。

ともかく観世元雅の周りには何か謎の霧が立ち込めている。室町幕府の忌避する闇があることだけは事実ではないか。『申楽談儀』を世に紹介した吉田東伍《よしだとうご》は「今の観世系図に元雅を代に数えぬのは、之《これ》を忘れたるか、若《も》しくは故ありて省ける也」とした。どうも「故ありて」があるのだ。

系図というものは代が増えることを好むものである。なぜ観世宗家側が観世十郎元雅を執拗《しつよう》なまでに代に数えないのか。現宗家観世清和は、「将軍家に対する観世宗家の保身ですよ」と語る。すこぶる明快である。

なお観世元雅には嗣子がいた。同じく十郎である。世阿弥の『却来華《きやくらいか》』には、「嫡孫《ちやくそん》はいまだ幼少也」とある。これは元雅にのみ伝えた口伝を、その死によって書き記したとある元雅の没した翌年の秘伝書である。観世元雅の「越智《おち》観世」は二代にして絶える。足利将軍に反旗をひるがえし、室町幕府の基盤までをゆるがした武将・越智惟通《おちこれみち》の庇護《ひご》の下にあったとされている。元雅は従兄弟の音阿弥との対立と同時に、実に政治的に危険な立場にあったのだ。

後年七世観世宗節《そうせつ》の弟の十郎大夫が、世阿弥直系の越智観世家を再興している。この十郎大夫と今川氏の人質時代の徳川家康との親交があり、これが後に能を幕府の式楽とし、観世を筆頭に据えた歴史と深いかかわりを持つことになる。悲運に死んだ観世元雅は、能を大きく変える力を後世に残したことになる。

先代宗家の観世元正の名乗りも、元雅への思慕が底流にあるのではなかろうか。

この一九六三年、演劇のステージに初めて世阿弥が登場する。岸田戯曲賞に輝く山崎正和作「世阿彌」。俳優座の世阿弥生誕六百年を記念した上演。演出は世阿弥の千田是也と、義満役に声だけ参加した観世榮夫。

真っ黒なタイツに、折りたたんだ長絹を斜めに掛け、侍烏帽子という、意表をついた扮装。千田是也については、「メフィストフェレス的な色合いと、芸能者の傲岸な驕り、それに西欧的なダンディズムを加味して、概念上の世阿弥役者」としている。「そもそもここで描かれた世阿弥はひとつの抽象化された概念であって、作者は世阿弥の人間像を意図しているのではない。仮に世阿弥と名付けられた舞台人の宿命そのものの象徴なのだ」と新聞に評されていた。

光と影。この明快な主題。光なしにはながらえられぬ影。闇はいつか光となりえても、影は決して光となることはできない。日本一の猿楽者世阿弥の芸は将軍義満の眼力に描きだされた影法師なのだ。……世阿弥は進んでその影になりきろうと決意する。茫漠たる虚無と執念。そのまた偽の影（音阿弥）が現われて世阿弥を嘲弄する……。

この「新劇」（一九六四年十一月号）の劇評を、私はこうしめくくった。「この戯曲を読んで、私は自分でもよく判らない衝動にかられて、世阿弥の佐渡を尋ねた。七十二才で流された彼の道をひとり歩いた。世阿弥の唯一の遺跡である正法寺の観世大夫腰掛の石——ぶきみにうずくまるこの石を半日眺めていた。しかしそこには、孤高と老残の概念があるばかりで、やっぱりここにも世阿弥はいなかった」。

松本幸四郎による上演は一九八六（昭和六一）年、福田恆存《ふくだつねあり》の指名によるという。一九八八年、アメリカのセントポール、ミルウォーキー、シカゴで上演され、一九九〇年にはミュージカル「ＺＥＡＭＩ」となり、神戸で初演された。「情緒ではなく、論理で構成された点で珍しい日本の現代戯曲」と幸四郎は自身のブログに書いている。二〇〇三（平成一五）年、新国立劇場の世阿弥役は坂東三津五郎であった。八世観世銕之丞の娘・観世葉子が簓《ささら》すりの女の役で出演している。

山崎正和以降、舞台の世阿弥

北条秀司《ほうじょうひでじ》作の「花のゆくえ〈世阿弥〉」は一九七六（昭和五一）年、歌舞伎座の上演。世阿弥の役は中村勘三郎（十七代目）。音阿弥に中村扇雀《せんじやく》（二代目）、元雅に松本幸四郎（八代目）、元能《もとよし》に市村羽左衛門《いちむらうざえもん》（十七代目）、禅竹に尾上梅幸《おのえばいこう》（七代目）、元雅の妻に中村雀右衛門（四代目）、世阿弥の娘（金春氏信《うじのぶ》の妻）に中村勘九郎（五代目）、家僕の役に中村富十郎（五代目）、一休に中村鴈治郎《がんじろう》（二代目）という、思えば歌舞伎界も豪華な時代であった。

長男元雅は南朝方の戦さに加わって死に、次男の元能は出家して能を捨てた。狂気の将軍・義教によって佐渡に流される老世阿弥は、別れの荒磯で唯一の後継者となった娘聟の金春禅竹に、秘曲「木賊《とくさ》」を伝授する。禅竹の妻となった娘が、涙ながらに打つ鼓が波の音に和す。「子を思ふ。身は老鶴の。鳴くものを」「来らば我が子よ。親、物に狂はば。子は囃すべきものを。あら恨めしや」。世阿弥の作とされ、老女物に準ずる重い扱いの曲。ゆくえ知れずとなった子供の舞の衣装を身につけて、狂おしく舞う老父の能だから、まさにふさわしい選曲であった。

宝塚の舞台に世阿弥（萬《ばん》あきら）が登場する時代となった。主役は世阿弥の実子・元雅（大和《やまと》悠河《ゆうが》）と、甥で養子の元重《もとしげ》、後の音阿弥（霧矢大夢《きりやひろむ》）。大野拓史《おおのたくじ》作の「更に狂はじ」、二〇〇〇

（平成一二）年、宝塚歌劇団月組公演。元雅の楽頭職披露の夜、将軍義教を暗殺せよとの秘密の院宣。観世座存続のために暗殺計画を密告したのは世阿弥であった。元雅は、元重に握らせた刀に身を投げかけて死ぬ。能楽指導は観世流の山中貴博《たかひろ》（冴晶《がしょう》）。

二〇一〇（平成二二）年、わらび座の高橋知伽江《たかはしちかえ》作「カンアミ伝」は、民俗芸能のルーツと、ブロードウェー・ミュージカルの手法の交流を目指す劇団の、創立六十周年記念の作品。田楽からの脱皮を目指す観阿弥。幽玄への道を求め始める世阿弥との対立。ふたりの協力で「自然居士」が生まれる。「翁」と「自然居士」の指導には、当代観世銕之丞が当たった。

父観阿弥と、嫡男元雅　死の謎

このふたりの死因を、世阿弥が一言も書かなかったのはなぜだろう。

「観阿どのは殺された。『君側の蠱《こ》害め、成敗するッ』そうおめいて、いきなり入道は観阿どのを斬ったの。菖蒲を見ようとして水際へおりかけたところを、うしろから抜き打ちによ」「あの老いぼれ、佩刀《はかせ》を打ちおろすとたんによろめいて、うつぶせに地面へ倒れたの。私は夢中で観阿どのの腰から小刀をぬき、起き上ろうとしているあいつの背をえぐった」

観阿弥は南朝のスパイとして老武将に斬られ、武将は観阿弥の愛人乙鶴に刺される。

世阿弥一行の逃避行。

杉本苑子《すぎもとそのこ》『華《はな》の碑文《ひぶん》—世阿弥元清』である。

小説家の着想はまことに鋭い。観阿弥の没した五月十九日、同じ日に駿河で今川範国《いまがわのりくに》が没しているのだ。今川範国は、『太平記』が南朝に贔屓《ひいき》し過ぎると『難太平記』を書いた今川了俊《りょうしゅん》の父であり、当然南朝嫌い、生え抜きの北朝方の守護大名であった。

直木賞作家の安部龍太郎『彷徨《さまよ》える帝』（新潮社　一九九四年）は、なんと「観阿弥暗殺」の章に始まる。後醍醐帝が、幕府討滅の呪いをこめて打った三つの翁面。その争奪を描く小説だが、吉野の帝の密偵として秘密を知り過ぎた観阿弥は、幕府に情報を売り渡すのではないかと、味方であるべき伊賀の服部一族に消される運命にあった。

小説とは異なり、世阿弥はこう記すばかりだ。

亡父にて候ひし者は、五十二と申しし五月十九日に死去せしが、その月の四日、駿河の浅間神社の御前にて、法楽仕り、その日の申楽、殊に花やかにて、見物の上下、一同に褒美せしなり。

（『風姿花伝』年来稽古条々）

長い病いであったわけではない。この半月の間に何があったのか、世阿弥は語ろうとしない。長男・元雅の死についても同じである。

「さても去《さんぬる》八月一日の日、息男善春、勢州安濃《あの》の津にて身まかりぬ」と追悼文『夢跡一紙《むせきいっし》』にあるだけで、死因については口を閉ざしたままだ。

山崎正和の『世阿彌』の元雅は言う。「大和の国越智へ参ります。あそこでは今戦さがあって、越智一族の敗北は必至、城を枕に討死の形勢とか。その敗け軍《いくさ》に加わって、元雅、立派に死んでおめにかけます」。

世阿弥生誕六百五十年記念のスーパー能「世阿弥」では、梅原猛は、音阿弥に大夫職を譲ろうとしない父世阿弥、義教公の怒りを流罪にとどめるため、自分は進んで死を迎えたのだと元雅の霊に語らせるのを骨子としている。表章に偽書のレッテルを貼られているが、後述する上嶋家の系図には、北朝方の斯波《しば》兵衛《ひょうえ》三郎《さぶろう》に暗殺されたとある。これを将軍の刺客としたのである。

父の観阿弥をも超える「子ながらも類《たぐゐ》なき達人」として嘱望する後継者の死。「道の秘伝・奥義ことごとく記し伝へつる数々、一炊の夢となりて、無主無益《やく》の塵煙となさんのみ也」「老少不定の習ひ、今さら驚くには似たれども、あまりに思ひのほかなる心地して、老心身を屈し、愁涙《しゅうるい》袖を腐《くた》す」。世阿弥は縷々《るる》と「老いの身の涙の果て」の悲しみを綴《つづ》るのみである。

附 観世元雅「隅田川」と「唐船《とうせん》」

私の師事した桜間金太郎（弓川）の次男・桜間伴雄《ともお》は、早稲田大学在学中に結核でみまかった。桜間先生は日頃「伴馬《ばんま》（前名・左陣。明治三名人のひとり。金太郎の父）よりうまくなる」と語っておられた。世阿弥の嘆きは繰り返された。能楽協会の若手コンクールではいつも一位を占めた桜間伴雄は、後に世阿弥の再来とまでうたわれた観世寿夫と同年生まれ。このふたりの並び立つ能楽界の壮観の夢を、今も見る。喜多実宗家が棺にすがって慟哭された姿を今に忘れない。

その追善能に、桜間金太郎は「隅田川」を舞った。早稲田の大隈講堂に溢れた観客は、多くハンカチを手にした。私ども早稲田金春会の仕事であった。まだ能などに人びとの目が向かないころであった。

「隅田川」については、作者の観世元雅と世阿弥の論争が伝えられている。母親の幻想だから子供の幽霊は舞台に出さぬが良いとする世阿弥と、子方を出さねばこの能は舞えぬと主張する元雅と。結局「して見てよきにつくべし」となった。

子方なしの「隅田川」を桜間金太郎が初めて演じたのが一九二四（大正一三）年、能楽研究の泰斗、野上豊一郎の尽力であった。当時の能楽界の規制は、復元とはいえ新たな試みにははなはだしく厳しかった。

先述の通り、芥川龍之介はエッセイ「金春会の『隅田川』」にその日の桜間金太郎の繊巧の美の感動を書いた。この日の東京は富士見町の細川家能舞台の桟敷には、ポール・クローデルがいた。クローデルは述べてきたように能の真髄と直結した人である。芥川は書く。「成程子役を使わなかったのは注目に価する試みかも知れない。が、素人の僕などには論ずる資格もないと共に、論ずる興味もないことである。唯僕は梅若丸の幽霊などの出ないことを少しも不服に思わなかった。いや、実はこう云う時にもわざわざ子役を使ったのは何かの機会に美少年を一人登場させることを必要とした足利時代の遺風かとも思っている」。

観世元雅は、父の夢幻能の線ではない、むしろ近代劇風の能を書いた。讒言《ざんげん》で家を追われ盲目となってさすらう「弱法師《よろぼし》」、我が子の一周忌に出会う母親の「隅田川」、いったん死んで蘇ったために地獄の体験を語る「歌占《うたうら》」、死刑囚の諦観を描く「盛久《もりひさ》」。悲運に自害する若武者「朝長《ともなが》」も、近年の研究では元雅説が強い。暗い暗い修羅能「重衡《しげひら》（笠卒都婆《かさそとば》）」も元雅作とされる。

彼は、あたかも自分の運命を予告するかのような能を残したのだった。

傾き続ける観世家。吉野の奥、天河神社《てんかわ》に「唐船」の能を捧げた観世元雅は、用いた阿古父尉《あこぶじょう》の面を寄進した。裏には「唐船　奉寄進　弁財天女御宝前　允之《じょう》面一面　心中所願　成就円満也　永享二年十一月日　観世十郎敬白」と墨書されている。天河神社は芸能の神として知られ、江戸時代は専属の能の座があったという。天河神社の能舞台で、かつて片山幽雪はこの面をかけて「唐船」を演じている。

テレビドラマ「天河伝説殺人事件」で、観世流の山中冴晶は「道成寺」を舞うと同時に毒殺される観世元雅にも扮し、この文化財の面をかけ、「鵜飼《うかい》」の前シテがにわかに倒れるシーンを演じた。「面を床にぶつけぬよう、四十六秒で死ね」という監督の指令。この面の素材は通常の檜《ひのき》ではなく楠《くすのき》。ここにも「楠」の影である。世阿弥の家系と楠正成がつながるという説はすぐ後に述べる。冴晶はこの面は何か呪術的な意味をこめたものではないかと言う。楠は樟脳《しょうのう》の原料であり、作られた当時は顔に当てられるはずがなく、実際つけてみて能面とは異なる感触だったと話す。

この阿古父尉の面の相貌は、あるいは世阿弥を模したものか。元雅の創る能のテーマ、母恋い、父恋いには、逆に世阿弥親子が疎遠だったからではないかとも推測もされる。

観世座の未来に絶望した次男の元能は、兄の死に先立って、父の芸談の筆録『世子六十以後申楽談儀』を残して芸道を捨て出家してしまう。

ふたりの後継者を失った世阿弥には、佐渡配流、悲運のさらなる連鎖が、黒い口をあけて待っていた。

上嶋家文書の波紋

昭和三十年代のことである。郷土史家の久保文雄によって「上嶋家文書」が世間に報告された。その発見された伊賀観世の系図は衝撃的な内容で、今までの能楽史の謎にことごとく光を当てたばかりか、世阿弥の祖母が楠正成の姉だというのである。南朝側の血筋を隠して、北朝方である足利義満に仕えたとある。さらには観世元雅は足利の家来に暗殺されたと明記してあるのだ。あまりに能の裏側に通じ過ぎているので、学者は眉唾ではないかとタブー視して保身の距離を置いた。

作家である山崎正和、杉本苑子はもちろんこれを『世阿彌』『華の碑文―世阿弥元清』に取り入れた。特に『華の碑文―世阿弥元清』は、この系図の発見が出発点となった小説である。哲学者・梅原猛は、義満はその血統を知っていながら、観阿弥をお抱え能楽師にし、南朝方を軟化させて、最大の政策目標であった偽りの南北朝合体を成功させたと、上嶋家文書を全面的に支持する。やがて訪れた北朝と南朝の不和が、観世家に暗い影をなげかけたのだと。

この思想界の大御所は、この系図を認めぬ急先鋒《きゅうせんぽう》の表章に、なんと喧嘩を売ったのである。「八十を越えた二人の老人の生命を賭《と》しての戦いは喜劇かも知れないが」と。表章は、観阿弥は伊賀出身ではなく、大和の山田出身と主張していた。

私はこの伊賀説の否定は、観阿弥・世阿弥をその故郷から断絶させ、生きた人間としての観阿弥・世阿弥の研究を全く奪ってしまうと思う。

（梅原猛『うつぼ舟Ⅱ　観阿弥と正成』角川学芸出版　二〇〇九年）

受けて立った表章は、『昭和の創作「伊賀観世系譜」―梅原猛の挑発に応えて』（ぺりかん社二〇一〇年）を出版。例の精緻な考証でこれは偽書と断じた。楠氏とのつながりも、明治になって観世流が「楠露」、金剛流が「桜井駅」、喜多流が「桜井」を正式に演目に加えたように、楠父子を敬慕する時代の風潮にのったのだとする。

もし虚構であったとしても、なぜ能の家と南朝のゲリラ隊長、戦前は「無二の忠臣」、戦後は「悪党」とを結びつけねばならなかったのか。「上嶋家文書」の系図を作為ならばなお面白いとする私も槍玉《やりだま》にあがっている。

増田正造のように、「世阿弥一族と楠氏とを結びつけねばならなかった理由は何だったのだろう」などとまじめに考える必要は全くない。「ねばならなかった」理由などあるはずがない。明治以降ならば結びつけて当然だったのである。（『同書』）

これが最後の出版となり、表章没。その後、梅原猛は『能を読む　元雅と禅竹』（角川学芸出版　二〇一三年）にこう述べている。「上嶋家文書」を能の研究者の多くは認めようとしない。しかし日本史家はほとんどこの文書を認めている。文献歴史学の権威・平泉澄《ひらいずみきよし》もこの文書の必然性を精密に論じ、戦後の新しい歴史学を確立した林屋辰三郎《はやしやたつさぶろう》も論を同じくしていると。そして「母（観阿弥の）は河内国玉櫛《たまぐし》庄の楠入道正遠《まさとお》（正成の父）の女《むすめ》」については、こう書く。

芸術と政治とを切り離して考えようとする能研究者にとっては衝撃的すぎ、この記述を否定する人は多い。しかし私はこの記述こそ、観阿弥・世阿弥・元雅の運命を考える時、決して見過ごすわけにはゆかない彼らの政治的な立場を示していると思う。（同書）

しかし、この系図の発見は莫大な副産物、経済効果を生んだのである。世阿弥の母が、鹿島《かじま》建設の鹿島守之助《もりのすけ》（養子）の生家の永富《ながとみ》家ということになった。以降鹿島映画（現・カジマビジョン）は先代梅若六郎と白洲《しらす》正子《まさこ》主演の映画「世阿弥」から、近藤乾三「羽衣」、七世野村万蔵《まんぞう》「木六駄《きろくだ》」のすぐれた記録映画を残し、鹿島研究所出版会は、心臓外科の泰斗・木本《きもと》誠二《せいじ》『謡曲のふる里』の大著ほかを出版し、楠正成の湊川《みなとがわ》神社に能楽堂を寄附し、渋谷松濤《しょうとう》に観世流が新しい能楽堂を建てるとき、「親戚の舞台を建てるのだから」と多大の支援をした。論争とは別に、べらぼうな働きをした系図なのである。

なお、二〇一五年（平成二十七）三月、四十三年を経た観世能楽堂さよなら公演が行われた。二年後に銀座の松坂屋跡のビルに移転する。工事は鹿島建設。これまたつながる縁といえよう。鹿島守之助は一九七五（昭和五〇）年に没したが、遺言で伊賀市守田町《もりたちょう》に寄贈された土地は現在「世阿弥公園」となり、母の像の碑文には、世阿弥は播磨《はりま》国揖保《いぼ》庄（現兵庫県たつの市）の豪農、永富左兵衛門の娘を母としてこの地に生まれたとある。なお鹿島守之助は、鹿島建設会長ばかりではない。外交官、政治家、外交史研究の法学博士、参議院議員、文化功労者という巨人であった。

天覧能栄光の有無

三代将軍となった足利義満は一三七八（永和四／天授四）年に壮大な花の御所を造営した。世阿弥の「泰山府君《たいさんぶくん》（泰山木《たいさんもく》）」は、このときの祝儀曲ではないかともされる。

このとき世阿弥は十九歳。自慢の稚児あがりの美貌と、観阿弥の能を、行幸の後円融天皇に義満は見せびらかさなかったのだろうか。

数年経たず近くに相国寺《しょうこくじ》が足利家の菩提寺《ぼだいじ》として建立された。有馬頼底《ありまらいてい》現管長は観世宗家との縁も深く、世阿弥生誕六百五十年には承天閣《じょうてんかく》美術館で、観世宗家展を開催した。二〇〇九（平成二一）年のテレビ番組「ＪＡＬ金閣寺音舞台」では、池に特設された能舞台で、観世清和が世阿弥の名作「融《とおる》」を舞った。義満を源融になぞらえた能ともされる。

一四〇八（応永一五）年、義満は新築の北山別邸に後小松天皇を招いて盛大な祝宴を張る。

このとき、天皇が初めて能という芸能を叡覧《えいらん》あった。後々まで能をお好みになった天皇である。世阿弥とは別系統の劇団、近江申楽の犬王道阿弥出演の天覧能の記録はある。二日間能を舞い、御剣《みつるぎ》を賜っているのだ。世阿弥が尊敬する先輩であり、ともかく北野社の演能では、観客が拝殿の屋根にまでのぼる盛況だったという人気役者である。

先述の山崎正和『世阿彌』も、杉本苑子『華の碑文—世阿弥元清』も、当然これを世阿弥栄光の頂点として扱っている。だが最近の学者は、表章の提唱（雑誌「文学」一九六三年）以来、世阿弥は呼ばれていなかったという。

犬王の出演は確認されている。しかし世阿弥にお声がかからなかったという文献があるのだろうか。当然のことは記録されないものだという人もある。心情としてはどうしても世阿弥を天皇の前で舞わせたいのである。

もしこの初の天覧能に選ばれなかったら、四十六歳の世阿弥の屈辱はどんなだったろう。それをテーマにした小説が書けそうだ。

山田風太郎は『柳生十兵衛死す』（毎日新聞社　一九九二年）に、新しい視点、明確な理由をなげかけた。ライバルである犬王道阿弥の能を、天覧に供えてもよいかということの世阿弥の内諾をとった上で、義満は言い出す。「南北朝に材をとったお前の能をのう。わしの望むのは、後醍醐帝の亡霊が、わが祖父尊氏どののお力で退散するという能じゃが、それを是非いまのみかどの天覧に供したい。できぬか」。世阿弥は二べもなく断る。幽玄ではないし、時代が近すぎる。「ええ、もはやたのまぬ。未来永劫《えいごう》、お前の能は見ぬぞ。追って沙汰する。さがりおれ」。

世阿弥一家　陽の翳りと没落と

この北山行幸の二か月の後に、義満は急死する。皇位簒奪《さんだつ》を狙ったため、皇室側に暗殺されたという説も根強い。平岩弓枝『獅子の座』(中央公論新社　二〇〇〇年)も、遅延性の毒が用いられ、この小説の中には世阿弥は多く登場するが、陰謀荷担は書かれていない。なおこの作品では、北山第の演能を世阿弥が勤めており、「過日の北山第でのそなたの猿楽は、道阿弥(犬王)にくらべて、もの静かな、寂しげなものばかりのように感じられたのだが」と、歴代将軍に仕えた満済に語らせている。満済については後に触れる。

足利義持は、九歳で将軍職についていたが、もちろん実権は父の義満にあった。ともかく父のしたことが嫌いで、北山第を父の没後に舎利殿(金閣)をのこして全部壊すほどであり、父の偏愛した異母弟の義嗣《よしつぐ》を殺してもいる。観世元雅が義嗣の軍に加わることが、山崎正和『世阿彌』に描かれている。

義持は猿楽よりも田楽を愛でた。田楽の増阿弥は、世阿弥が「感涙も流るるばかり」と賛嘆する名手であった。父の手垢のついた世阿弥は当然遠ざけられただろうが、世阿弥は『至花道』に「昔の将軍や上つ方は、いいところだけを褒めてくださり、悪いところはあまり批判なされなかった。今の将軍は、鑑賞眼が鋭く、少しの非も批評されるので」と嘆いている。

籤《くじ》引《び》きの結果、還俗して次の将軍となった義教時代になると、事態は悪化の一途を辿る。義教は世阿弥の弟の子、音阿弥元重一辺倒だった。青蓮院《しょうれんいん》の僧籍にあった時代から、義満と世阿弥のような衆道関係だったとされる。音阿弥にしても、一時養子に迎えながら、実子が産まれるとそれを袖にした伯父の仕打ちへの思いがあったに違いない。世阿弥一家を追いやるという、悪役が運命づけられていた。能を一番も創らなかったが、希代の上手、当道にならびなしと言われる名手であった。連歌師の心敬《しんけい》は『ひとりごと』で、「今の世の最一の上手といへる音阿弥、神変不思議の達者」とまで激賞している。同時に、晩年の世阿弥が嫌う鬼の能や劇的な能は、義教の好みにも合うものであった。

世阿弥が義教に取り立てられぬことを恨んで、息子の元雅を吉野方の隠密にしたとか、音阿弥が義満暗殺未遂事件を捏造《ねつぞう》して元雅を陥れるとか、その卑劣さに息子からも義絶されるとか、佐伯晶《さえきしょう》『秘曲』（鳥影社　二〇〇二年）は、音阿弥を悪人に仕立て、その血統を継ぐ現観世宗家側には愛されることのない小説となった。

それでも一四二九（永享元）年の多武峰《とうのみね》様猿楽、実甲実馬、本当の鎧《よろい》をつけ、馬に乗った野外能のころまでは両者の共演関係があった。「一谷《いちのたに》先陣（梶原《かじわら》二《に》度駈《どのかけ》か）」を、後シテ梶原を音阿弥、ツレ義経を元雅、おそらく前シテの老人を世阿弥が演じたのではないかとされている。「観世大夫両座」と記されるほど、音阿弥の存在はすでに本家と並んで大きくなっていた。

その十日後に、世阿弥らの仙洞御所での演能が禁止される。院は後小松天皇時代から、中楽を好まれたという。「仙洞申楽の事に就き、観世十郎 幷《ならびに》 世阿両人召さるべからざる由」（満済准后日記）。満済は歴代の将軍に仕えた僧で、政治顧問として黒衣の宰相と呼ばれる大きな存在であった。その日記は貞成《さだふさ》親王の『看聞《かんもん》日記』と双璧とされる史料である。世阿弥の記録はほとんどこの日記の範囲を出ていない。満済と世阿弥の関係は平岩弓枝の小説『獅子の座』に詳しい。仙洞御所への出入り禁止は、「不便《ふびん》次第」、気の毒で仕方ないと日記に書く満済の取りなしも効を奏さなかった。

古い伝統を持つ興福寺の薪猿楽にも義教は介入し、観世座の代表が元雅から音阿弥に交替させられる。興福寺は政治圧力に屈して開催日を変更までしたのである。

芸能者として最大の名誉職であった醍醐寺清滝宮楽頭職《きよたきぐうがくとうしき》の役を、世阿弥は剝奪される。醍醐寺は満済の寺であった。その日記によって義教の強い指示であったことが判る。世阿弥一家は、奈良と京都での演能権を失ったことになる。

次男元能は、世阿弥の芸談『申楽談儀』を遺して出家してしまう。それは父への絶縁宣言でもあった。その後の元能の行動はまったく不明である。

苦境に立つ元雅は、弟の出家と同じ月に吉野の奥の天河大弁財天社に「唐船」の能を捧げる。異母兄弟の物語の能に、元雅は従兄弟との関係修復の祈りを籠めたのではあるまいか。「心中所願」と裏に記して寄進した老人の面については先に述べた。

なお天河は南朝の前線基地でもあった。

その半年後の元雅の不慮の死。それも南北軍対立の接点である伊勢の阿濃津《あのつ》である。

世阿弥の慟哭は『夢跡一紙』に残る。「道の破滅の時期当来し、由《よし》なき老命残つて、目前の境涯《きやうがい》に、かかる折節を見ること、悲しむに堪《た》えず」。

時代を超え過ぎた世阿弥

世阿弥の世間的凋落《ちょうらく》は、逆に彼の思索を深め、創作に専念する時間を与えることになった。

彼の創る夢幻能は、当時の観客にとっては、先鋭過ぎたのではあるまいか。

時代の反発は、逆に世阿弥の「無」への思考を進化させ、世阿弥は自分の時代や、孫や子の時間のスパンで能を考えず、何世紀もの先の完成を見ていたのだと私は思う。

すぐれた演戯者と、選ばれた観客の中でのみ成就する能は、観阿弥のモットーとした「衆人愛敬」、お客様は神様ですの方向とは違っていた。


心《しん》より出来《いでく》る能とは、無上の上手の申楽に、物数の後、二曲も（舞と歌）物まねも義理もさしてなき能の、さびさびとしたる中に、なにとやらん感心のある所あり。是を、冷えたる曲とも申す也。此の位、よきほどの目利きも見知らぬなり。まして、ゐなか目利きなどは、思ひも寄るまじきなり。是はただ、無上の上手の得たる瑞風かと覚えたり。これを、心《しん》より出来る能とも云ひ、無心の能とも、又は無文《むもん》の能とも申す也。（『花鏡』）

こうした理想主義が、時代の観客の好みに合うはずもない。第一、目利きも、無上の上手も常にいるわけがないのである。

世阿弥自身、『風姿花伝　奥義云』で自戒していたはずである。「あまり及ばぬ風体のみなれば、また、諸人の褒美欠けたり」と。同時に「ゐ中（田舎）目利きなどは」思いもよらぬといった口吻《こうふん》は、現代では差別用語として反発を買いかねない。

加えて後継者の元雅の作風はどうだろう。現代の能楽研究の旗手である松岡心平《まつおかしんぺい》は、世阿弥と元雅の関係に「思想的亀裂」という言葉まで使っている。

確かに元雅は父の「発明」した夢幻能の方向を継がなかった。めでたい能も創ろうとしなかった。「隅田川」の子方を出すか出さぬかの論争も、亀裂と言ってもよいほどの、元雅の語気の烈《はげ》しさが読み取れる。

世阿弥は死をフィルターに使って、生の時間を凝縮して見せた。元雅は、「隅田川」を例にとると、死と直接対面する能を創った。

現代でこそ近代的な詩劇として評価高いが、このような救いのまったくない暗い能が、当時の観客の支持を得たであろうか。

特に公家化し過ぎて弱体となった幕府を復興させ、武断政治への回帰を望んだ将軍に、好まれる作風ではなかった。世阿弥路線の金春禅竹の能も、哲学化し、晦渋《かいじゅう》さを増した。

やがて音阿弥の子である観世小次郎信光の作のように、「安宅」「紅葉狩」「船弁慶」など、後に歌舞伎化も可能な、きらびやかな強い能に移っていくのも、時代の要請であったろう。

しかし、能の国民演劇としての拡散化、例えば豊公能や切支丹能といった展開を、再び世阿弥路線に戻したのは、徳川幕府による古典としての「能の冷凍化」ではなかったか。式楽化は、家康はじめ歴代将軍の能への心入れである。武智鉄二《たけちてつじ》は、秀吉をシテとする能、キリスト教布教のための能をレパートリーから外すことを条件に、幕府指定芸能「式楽」の地位を与えたのだという仮説を唱えている。幕府ばかりでなく、各藩も能を導入し、能役者を抱え、これを奨励した。能役者は、国家公務員、あるいは地方公務員の地位を得たのである。

能は純度を保ったまま、江戸三百年の武士道的鍛錬と精神主義の磨きを加えた。逆に言えば、技術偏重に傾いた能は、世阿弥理論をもはや必要としなかったのではあるまいか。

しかし今、我々の前に、能は、あるいは世阿弥の志向は、燦然《さんぜん》と輝いている。

佐渡配流の謎

「今や佐渡が日本有数の能の島だといったら、世阿弥はどんな顔をするでしょうか」

佐渡で世阿弥と出会うという吉永小百合の「大人になったら、したいこと。」、二〇〇九年のJR東日本の宣伝である。「――例えば、佐渡で世阿弥と出会う。時の権力者に疎まれ、晩年佐渡へと流された世阿弥……（略）……この島で独自の開花を遂げました。大人から子供までが身近な娯楽として楽しむ『能』。個人所有も含めると三十以上もの能舞台が残り、今やここは日本屈指の能の島となっています……」。
世阿弥は佐渡観光の目玉となった観がある。佐渡の歴史伝説館では、なんと世阿弥のロボットが雨乞いの舞を舞うのである。

げにや罪なくて、配所の月を見る事は、古人の望みなるものを　身にも心のあるやらん
（『金島書《きんとうしょ》』）

世阿弥はなぜ佐渡に流されたのか。世阿弥が残した謡で書かれたエッセイとも言うべき『金島書』。時鳥《ほととぎす》鳴かずの里で、「声もなつかしほととぎす。ただ鳴けや鳴けや老いの身、われにも故郷を泣くものを」と激情がほとばしるだけで、この諦観はどうしたことだろう。

「罪なくて配所の月を見む」とは王朝貴人の描いた風流の極みであり、また後に兼好が無償の遁世《とんせい》をここに思ったが、「身にも心のあるやらん」とその境に入るごとく、入らざるがごとく嘆じた世阿弥の気持は興深い。この一語に流人としての彼の心境が端的にあらわれているように思われる。
（『亀井勝一郎選集・第四巻』「佐渡が島」講談社　一九六五年）

最愛の後継者には先立たれ、あるいは次男には芸道を離反され、老残の身となった七十代の世阿弥は、将軍足利義教によって佐渡遠島の処罰を受ける。

ともかく万人恐怖とされた偏執狂の将軍である。たくさんの公家や大名達も処刑されている。

しかし七十過ぎた老芸能者が、なぜ流罪になったのか。

入牢させるか斬首すれば簡単にことは済む。死刑にするには世阿弥の存在はあまりに大き過ぎたという説もある。後継者すら失った孤独の老人に、何の罪状があったのだろう。

流罪は重罰であるが、手間のかかる処刑である。ある見方をすれば世阿弥は公家クラスの待遇を受けたとすることはできまいか。佐渡は順徳天皇も、日野資朝《ひのすけとも》も日蓮も流された地であった。

将軍寵愛の音阿弥に、秘伝を譲ろうとしなかったとは誰でも思いつく。そもそも籤に当たって出家の身から将軍の座についた義教と、人、人にあらず。知るをもて人とす。家、家にあらず。継ぐをもて家とすと言う姿勢の世阿弥と、ソリが合うはずもなかった。

伝書が必要なら、権力で召し上げることもできたはずである。

山崎正和は、佐渡に渡る浜辺で世阿弥にこう言わせている。「音阿弥、そなたの欲しがる花伝書はな、金春禅竹にあずけてある。あれはちと理くつっぽいが気の好い男だからな、きっとそなたにも見せてくれよう。手荒なことをせず、頭をさげて見せて貰えよ」。

『風姿花伝』は音阿弥の父の四郎にすでに伝授されていた。世阿弥理論の芽はすべてそこにある。才能ある者なら、そこからいくらでも花を咲かせることが可能なはずであった。そして音阿弥は、秘伝などに固執せずとも、十分な名声を得ていたはずである。

森本房子《もりもとふさこ》は小説『幽鬼の舞』（文芸社　二〇〇五年）に、死罪を予測しながら義教の前で、世阿弥が「天鼓《てんこ》」を舞ったことを書いた。皇帝の意に従わず殺された天才音楽少年の能は、一時世阿弥の将軍へのレジスタンスの能と言われたが、世阿弥作は否定されているものの、この作家の着想は鋭い。「思ったより軽い刑じゃ。／いたずらを咎められた童のような表情をした」。

世阿弥は佐渡で朽ち果てたのか。足利義教が暗殺された後、許されて都に戻ることができたのか。墓はどこにあるのか。一切不明である。赤松満祐《あかまつみつすけ》邸の招きの祝宴。世阿弥の創った「鵜羽《うのは》」を、贔屓役者・音阿弥が演じている最中に義教は命を奪われた。

七十代の身を孤島に置きながら、なぜ『金島書』はむしろ明るい諦観に満ちているのだろう。

実は世阿弥は佐渡へは行っていなかったという坂東玉三郎説も耳にする。芸能者の直感から、「佐渡には世阿弥の匂いがまったくしない」と。さらには『金島書』は京都で書かれたと「虚構説」まで囁《ささや》かれるのはなぜか。少なくとも十年は滞在したのである。幽閉された上皇とは違う。しかも芸能者である。

『金島書』にも法楽の舞を舞ったとある。何か佐渡に言い伝えがもっと残っていてもよさそうではないか。黒い怨念をこめた面と、老体の世阿弥が腰掛けたという石だけが我々の前にある。

雨乞いの面と世阿弥腰掛けの石

歌人水原紫苑《みずはらしおん》は歌集『世阿弥の墓』（河出書房新社　二〇〇三年）にこう詠んだ。

雨乞ひの玄《くろ》き面《おもて》の頰の切れ　そこより消えし世阿弥の〈死〉はも
正法寺腰掛石のとげとげと小さかりけり鳥の世阿弥か

この書名は、世阿弥へのオマージュであって、世阿弥の墓が発見されたわけではない。京都大徳寺、真珠庵の観阿弥・世阿弥の墓（供養塔）は、後世の追慕が立てたものである。一休宗純はこの寺の住職で、世阿弥の娘聟・金春禅竹と親交があった。世阿弥の本当の墓がどこにあるのか、ないのか。

佐渡正法寺に残る、たったふたつの世阿弥伝説。ひとつは世阿弥が雨乞いに用いたという古怪な黒癋見とも呼ぶべき面と、世阿弥腰掛けの石。

この伝説の面は、能面以前のものと思われ、土地に伝えられていたものではなかろうか。迫力あるすぐれた造型である。

それと、『大和古寺風物詩』で古代へのロマンを蘇らせた文芸評論家・亀井勝一郎が、「背をまるめた老人がそのまま土に埋れたような恰好の石で、ミイラのような無気味さがある」と書いた石。

『四座役者目録』には佐渡配流の原因を次に述べるように書いている。当時、こういう言い伝えがあったものだろう。史実とは別に、伝説は伝説の重みを私は見たい。

『四座役者目録』は江戸時代、十七世紀なかばに書かれた役者名鑑である。小鼓の観世新九郎家に伝わったものだ。室町後期以降の記述は信憑性《しんぴようせい》がかなり高いとされる。

「世阿弥は聟の金春禅竹を、我が子よりも崇敬したために、公方の御意に触れ佐渡に配流され、その地にいられた間に七番の謡を作られた。これが都にも伝わり世上に流布されたのである」。畏《かし》くも帝の御目にとまり、七番の中でもとりわけ「定家かつら」の謡に感心遊ばされ、佐渡に置くのは気の毒と、公方に急いで呼び返せとの勅 諚《ちよくじよう》によって、佐渡から帰った人である。

勅諚とはまこと畏れ多い。しかも佐渡七番との言い伝え。「元清彼国に在りてつく（制）れる謡曲七番あり。世に佐渡七番と号せり。いはゆる定家葛・三輪・三井寺・熊野・東北（後に軒端梅と云ふ）・桧垣・井筒これなり」と『観世家譜』にも記載がある。世阿弥作の確率の高さも気になる。これは京観世五軒家の浅野家八代、江戸後期の能楽史研究家でもある浅野栄足《よしたり》の著である。世阿弥は娘聟の禅竹を愛して、嫡子の十郎元雅を退けた。元雅は父の偏愛を恨んで弟と伊予の国越村に別居した。この村の名を名乗って越智十郎大夫と称した。人がこのことを讒言し、将軍義教によって佐渡が島に流されたのだとある。ここでもまた父子の不和説である。『四座役者目録』にも、観世元雅について「世阿弥勘当し、不和也」とある。元雅を阻害しようとする何かの意図は確かにありそうだ。

雨乞いの面　佐渡・正法寺に遺る世阿弥伝説

「定家」は今日の研究では金春禅竹作とされるが、世阿弥がヒントを佐渡から送った可能性は十分に考えられる。佐渡からの禅竹書状は二通しか現存しないが、二通と限ったことではない。学者は存在する資料を最重視して、失われた部分になかなか思い至らぬ弊がある。

二十四世観世左近の『能楽随想』（河出書房　一九三九年）所載の『観世累葉家譜』には、こうある。世阿弥は佐渡に流され本間氏に預けられた。その子の元雅は関東に赴いて舞曲を作ったのだけれど、公儀の憚りがあるので、禅竹作として世間に流布させたと。これまた奇っ怪な記載である。

かつて正法寺には、風雨にさらされて木目もあらわな扁額《へんがく》があった。

永享中観世太夫元清入道世阿弥　時ノ将軍ノ意ニ悖《もと》ヒ　東国ニ配流セラレテ　初メ新保ノ
万福寺ニ寓セシガ　同七年ノ春兵乱ヲ避ケテ当山ニ移住シ　専ラ筆硯ヲ友トシテ謡曲ノ起
草ニ余念ナカリキ　或日庭前ニ出デテ　此石ニ腰打掛ケ　北山ヲ眺メ居タルニ折節山麓ニ
雲起リテ急雨降リ来リケレバ
山より出づる北時雨
行方や定めなかるらん

ノ一句ヲ得テ定家の冠詞ニ附シタリト云フ
遺品トシテ一個ノ面ヲ保管ス　今ハ雨乞面ト称シ　夏旱《ひでり》ニ際シ　境内月ササズノ池畔ニ
勧請シ読経念仏スレバ　必ズ慈雨ノ霊験アリ　地方ノ尊信厚シ

寺内には、佐渡出身のプロレタリア文芸評論家・青野季吉《あおのすえきち》の「夏草や世阿弥の跡の石ひとつ」と共に、松本清張の「花伝書や世阿弥くさめす春の雪」の句碑もある。松本清張『小説日本芸譚《げいたん》』（新潮文庫　一九六一年）の中の「世阿弥」は、すぐれた短編である。こうしめくくられる。「島から帰された世阿弥は、むすめ婿《むこ》の金春禅竹のところに身を寄せて、八十一歳で果てた。この高齢なひとりの老人が死んだことなど、その頃、人はもう話題にもしなくなっていた」。「その頃の人」はともかく、あの心やさしい金春禅竹がいるではないか。時代の寵児、「天下無双の者」、音阿弥と共に、「奇特の上手」と心敬の『ひとりごと』に併記された金春禅竹である。さらにその子の七郎も「これまた最も上手の由、万人申しあへり」と、父子ともども時めく存在であったに違いない。世阿弥が帰洛していたのなら、何か一言書き記してあってもよいではないか。世子生還祝賀能などなかったのだろうか。それに禅竹には世阿弥に連座したお咎めは一切なかったのだろうか。

杳《よう》として判らぬ世阿弥の最晩年。

これこそ世阿弥の設計した「終焉《しゅうえん》の美学」ではなかったか。

世阿弥の伝説も遺品の言い伝えも、佐渡の正法寺のふたつだけとは。

佐渡の世阿弥に焦点を当て、最晩年の世阿弥に尽くす沙江《さえ》なる女人を描いたのが、先にも述べた瀬戸内寂聴『秘花』である。当時八十四歳の作家の、新しい世阿弥研究の成果を十分に踏まえた稠密《ちゅうみつ》な作品である。この本が書店に平積みとなり、世阿弥ブームを期待したが、瀬戸内寂聴はすぐに「『源氏物語』一千年」に奪われてしまった。残念である。

佐渡配流自作自演説

世阿弥はむしろ佐渡の生活を楽しんでいたのではないかと白洲正子は語ったという。逆境だ悲劇だ、と我々は思うが、これも世阿弥にとってもっともふさわしい幕引きではなかったか。

彼は観世一座の長《おさ》である。しかし後継者であるふたりの息子を失っている。もはや失うものはなかった。そしてしかし、世阿弥の目指した幽玄の道は、娘婿の金春禅竹にしっかり継承される可能性が見えていた。

世阿弥は、多くの温かい出迎えを受け、弟の元仲とその子元重（音阿弥）にかしづかれて暮らす。「そろそろ逝こうと思う」と死を予感した世阿弥は、枕頭に人びとを呼ぶ。

「正しい、力づよい一つの足音――。百年後の……五百年後の……千年後の未来へ向って、能が、巨大な歩みを開始し出した足音だ。聞えるか元重」「おぬしは中心となれ。なにごとにも迷うな」と告げる。

「われに大力量あり、風吹かばすなわち倒る」

つぶやくと、しいんとして息が絶えた。

嘉吉三年八月八日――。

なんの苦痛もともなわない、朽木がしぜんと倒れるような臨終であつた。

瀬戸内寂聴『秘花』の世阿弥は、おのれの意志で佐渡に果てる。

七十九歳の世阿弥は、「免赦が来ても私は京へは帰らない。すぐ禅竹に手紙を出してくれ。佐渡はこの世の地獄と覚悟して来たが、私にとってはむしろ極楽だったのかもしれぬ。沙江には気の毒だが、ついでのことに私の死水を取ってくれ。もうさほど遠い先ではないだろう。

世阿弥「佐渡状」碑　佐渡博物館

『世阿弥元清妙なる金島に死す』と、後世の人に伝えてほしい」。沙江とは佐渡の現地妻。「お師匠さま」と世阿弥を慕う女性である。

それから二年。おだやかな日々がふたりを過ぎる。

「新しい能の筋が浮んだよ。まだ老い呆けてはいないようだ。これは時間をかけても口述して沙江に書いてもらおう」。いつも机上に置く禅竹から送られた紙をひろげ、筆をとって目の見える人のように力強く「秘花」と題名を書く。

世阿弥はすでに聴力と視力を失っていた。

その日の午後、世阿弥は倒れる。とりすがる沙江の顔を撫《な》で、はっきりとつぶやく。「つ・ば・き」。先に他界した妻の名をつぶやいたのだった。
「NHK　知るを楽しむ　なんでも好奇心」の番組、京都大徳寺真珠庵の、江戸時代に建てられた世阿弥の墓の前で、寂聴はこう語っている。

「死についてはそんなに怯《おび》えていなかったと思うのですよ、これだけの人ですから。でも老いは怖れていたのではないかと思うのですね。もしかしたら、八十になってやっと許されて帰ったとしてもですね、もう物は書けないし、もちろん舞台には立てないしですね、半身不随とか、言語がしゃべれないとかいう状態だったのではないかということを、私、小説家として思うのですけれどね。そして娘聟が優しいから、ずっとそこで世話になって、死んでいったのではないかという気がするのですけれども」

『金島書』から「配所・佐渡の月」

私はNHKの委嘱で「配所・佐渡の月」を書いた。
演じていただいたのは金春信高《のぶたか》宗家。世阿弥の娘聟、金春禅竹の直系は、世阿弥のDNAのもっとも濃い存在である。ちょうど世阿弥の年頃にさしかかる七旬《しちじゅん》を迎えられ、しかも小柄な大夫は、素のまま世阿弥を演じるには、もっともふさわしかった。

舞囃子という、面も装束も用いぬ能の上演様式形を拡大し、現代語の解説を加えるスタイルとした。

ナレーションは狂言方、野村万作の役。彼と私は早稲田同級の友人、その狂言の語リの的確さには定評があった。「世阿弥様」という親しげな言い方は、側《かたわ》らに仕えていた人物という設定である。

笛は寺井《てらい》久八郎《きゆうはちろう》、小鼓・宮増純三《みやますじゆんぞう》（現・観世豊純《とよすみ》）、大鼓・大倉正之助《おおくらしようのすけ》。地謡は高橋汎《ひろし》・本田光洋《ほんだみつひろ》・金春安明・横山紳一《よこやましんいち》・吉場広明《よしばひろあき》。上演時間は四十分。

一九八九（平成元）年十一月九日。国立能楽堂におけるNHK能楽鑑賞会で初演され、太鼓の柿本豊次《かきもととよじ》追悼の桜間道雄「猩々乱」と共に、翌年の春分の日に放映された。当時のNHKには「祝日能」の番組があった。このときの「乱」は、シテと太鼓はもちろん、ワキ・松本謙三《まつもとけんぞう》、笛・藤田大五郎、小鼓・幸宣佳《こうよしのぶ》、大鼓・安福春雄《やすふくはるお》という人間国宝揃いであった。

「配所・佐渡の月」は、作品というより世阿弥の『金島書』をそのままアレンジしたものであるから、これをそのままに引用する。なお耳に聞きやすいことを優先して、世阿弥原文の微調整もある。

なおこの作品は、節付けと型付けをされた金春信高、共同演出の元NHK・柳澤《やなぎさわ》新治《しんじ》両氏の了解を得て、著作権フリーの著作物とした（かつて観世寿夫と『金島書』の舞台化を幾度も論じた。彼は「時鳥」一曲だけを作曲し、ビクターのカセットに遺している）。

シテ常ノ舞囃子ノゴトク座ス　狂言、地謡ニヤヤ離レテ座ス。

狂言「永亨六年五月四日。遠い流罪の地、佐渡への旅立ちの日でございました。「五月も早く橘の。昔こそ身も若狭路。今は老いの後背山」と、世阿弥様は、それこそお能のワキの道行のように、淡々としたお姿でした。

〽順風吹き至り。纜《ともづな》を解き船に乗り。海上に浮かむ

「佐渡の島まではいかほどの海路やらん」、と問う世阿弥様に、船頭はこう答えるばかりでした。

「はるばるの船路なり」と。

地謡〽今ぞ知る。聞くだに遠き佐渡の海。老いの波路の船の行く末

《笛アシライ》

シテ〽げにや罪なくて。配所の月を見ることは。古人の望みなるものを。身にも心のある

やらん。身にも心のあるやらん
狂言「罪なくて配所の月を見る。世阿弥様は、同じく佐渡に流されなすった京極為兼《きょうごくためかね》様を、順徳院様を、我が身に引きくらべておいでだったにちがいございません。

それにしても、世阿弥様はなぜあのように、あれほどまでに静かなお心でいらしたのでございましょう。ご長男の十郎元雅様は旅にお果てなされ、ご次男の元能様は芸道を捨てのご出家。それにかてて加えて、七十路を越えての佐渡配流でございます。

それにしても世阿弥様がなぜ佐渡に流されなさったのか。

将軍家ご寵愛の音阿弥様に秘伝をお譲りなされなんだのを、将軍様がお憎みになったとやら、いろいろな噂ではございましたが、もとより将軍様のご意向、誰知るものとてございません。

この佐渡の島は「不思議の田舎」、想像できかねるほどの辺鄙《へんぴ》な所と、都にお便りなさったこの土地に、世阿弥様はひっそりと老いの身をゆだねておいででした。

八幡《やわた》の八幡宮に神詣でなさった時のことでございました。佐渡では軒端近くまでかまびすしいほととぎすが、この神域ばかりは一向に鳴かぬのでございます。

世阿弥様の問いに答えて宮人が申されますには、ここはいにしえ京極為兼卿の配所、ある時ほととぎすの鳴くのを聞き給い、「鳴けば聞く。聞けば都の恋しきに。この里過ぎよ山ほととぎす」どお詠みあそばしました。「花に鳴く鶯《うぐいす》、水に住む蛙《かわず》まで歌を詠む」とされるこの日の本のこと、ほととぎすも心あって、この場所だけは鳴き声をとどめたとのことでございます。

この時ばかりは世阿弥様も、都恋しさの激しい感情をお見せになったのでございました。

地謡〽折を得たりや時の鳥。都鳥にも聞くなれば。声もなつかしほととぎす。ただ鳴けや鳴けや老の身。われにも故郷を泣くものを。

シテ〽われも故郷を泣くものを

地謡〽われも故郷を泣くものを

《カケリ》

タダシ「カケリ」ハ舞ワズニ囃子ダケヲ聞カセ、世阿弥ノ内面ノ瞋恚ヲアラワス。

「イロエ」ヲ媒介トシテ「序ノ舞」ニ移ル

《イロエ掛リ序ノ舞》

続ケテ「クセ舞」風ノ舞トナル

地謡〽そもそもかかる霊国。かりそめながら身を置くも。いつの他生の縁ならん

シテ〽よしや我・雲水《くもみず》の
地謡〽すむにまかせてそのままに。衆生諸仏も相犯さず。山はをのづから高く。海はをのづから深し。あら面白や佐渡の海。満目青山。なををのづから。その名を問へば佐渡と云ふ。黄金の島ぞ妙なる。
（シテハ大小前、床几ニカケル）
シテ〽しばし身を。奥津城処《おくつきどころ》ここながら。月は都の雲居ぞと。思ひ慰むばかりこそ。老の寝覚の便りなれ
狂言「佐渡にも合戦が起こり、世阿弥様は泉の寺に移られました。庭の隅の大きな石に腰を掛けなすった世阿弥様は、金北山《きんぽくさん》から沸きでる時雨の雲を眺めながら、ふと呟《つぶや》かれるのでございました。
シテ（地取《じどり》ノゴトク）〽山より出づる北時雨。行方や定めなかるらん
狂言「こうした逆境の中にも、世阿弥様は新しいお能の工夫に余念なかったのでございます。これが「定家」のお能のきっかけになったものかどうか。このお能が、かしこくも天子様のお目にとまり、ご赦免のきっかけになったなどと噂されるのは、ずっとずっと後のことでございます。この北時雨の句も、きっと禅竹様に書き送られたものでございましょ

う。娘聟に当たられる金春禅竹様は、心温かい仕送りと、芸道の教えを乞うて、たびたびのお便りでございました。

シテ「ナヲナヲ留守ト申シ、旅ト申シ、カタカタ御扶持、申スバカリナク候

狂言「世阿弥様は、配流の身を旅と観じつつ、都の奥方様ともども佐渡までご扶持なさる禅竹様のやさしいお心根を、どれほど嬉しく思っておられたことか。

シテ〽山より出づる北時雨。山より出づる北時雨。行方や定めなかるらん

狂言「定めなき人の世。けれども尽きることのない人間の思いのかなしさ。美しさ。あれほどあの世からの訴えかけを、多くのお能にお作りになった世阿弥様でございます。この世もあの世も、まして京の都も佐渡も、同じ目に見ておられたのではございますまいか。

世阿弥様の佐渡配流をお命じになった将軍足利義教様が、こともあろうに世阿弥様の御作「鵜羽」のお能ご覧の最中に殺されなすったという噂がこの土地に届いても、ご赦免の使いが、果たして来るものやら来ないものやら、それすら、もうお心にないようでございました。

世阿弥様は、ご自分の能が、何百年も生き続ける果ての果てまでを、佐渡からじっと見通していらしたのでございます。

シテ〽命には終わりあり
狂言〽能には果てあるべからず
シテ〽これを見ん。残す黄金《こがね》の島千鳥
狂言〽跡も尽きせぬ。世々のしるしに
《囃子　残リ留《どめ》》
これを見ん」カラハ附祝言風ニ。残リ留ハ能ノ永遠ノ命ヲ象徴スベク「石橋」ニ準ズルナドノ工夫ガアリタイ

第三章　急の段

世阿弥の継承　時に用いるをもて花と知るべし

ワーク・ショップで世阿弥の「野守」を演ずる観世寿夫
宇宙から地獄まで、すべての情報を映す鏡を手にした鬼の役

『八帖本花伝書』の存在

『風姿花伝』は、たったひとりでもよい、真の後継者に能を伝えようとして書かれた。秘伝として深く能の家に蔵されてきた。『風姿花伝』をはじめとした芸術論集が明治の歴史学者吉田《よしだ》東伍《とうご》によって発見され、学界に紹介されてまだ百年余に過ぎない。

だが、その間、世阿弥が忘れ去られていたわけではなかった。桃山時代以降、世阿弥編著とされる『花伝書』が世に流布され、世阿弥という名前は、むしろ神格化されていたのである。名作はすべて世阿弥が書いたと思い込まれていた。

多くの辞書に、「花伝書（風姿花伝の略称）」などとあり、まことにまぎらわしいが、世阿弥の『花伝書』と区別するために『八帖本花伝書』と呼ばれるのは、その八巻本仕立てによる。「それ、申楽延年《さるがくえんねん》の事態《ことわざ》、その源を尋《たずぬる》に」と世阿弥の言葉で始まり、諸処に世阿弥の語彙も鏤《ちりば》めながら論が展開する。しかも第六巻は『風姿花伝』の「物学条々」「問答条々」のほとんどが載っており、第八巻には「年来稽古条々」があるのだから、「偽書」とするわけにもいかない。実は『風姿花伝』のかなりの部分が、流用というより流出しているのである。

この八帖本の『花伝書』は、室町末期におけるさまざまな能の伝承、口伝が集大成されたもので、当時のベストセラーだったという。すでにキリシタン版として活版印刷が伝えられ、朝鮮から新たな印刷技術も導入された時代である。当時、能は国民演劇としての広がりを見せ、謡《うたい》を謡い、能を演ずることは、公家、武家から、神官、僧侶や、後世「町衆《まちしゅう》」と名付けられるブルジョア階級の、必修の教養科目とされた。

手猿楽《てさるがく》と呼ばれるアマチュア演能集団も輩出し、この能マニアの頂点にあったのが豊臣秀吉であった。古典の能を演ずるに飽き足らず、自分をシテとする能を学者に作らせて、自ら秀吉を演ずるという耽溺《たんでき》ぶり。能に深いかかわりのある野上弥生子《のがみやえこ》原作の映画「利休」(一九八九年)には、山崎努《やまざきつとむ》の秀吉が「そもそもこれは羽柴筑前守《ちくぜんのかみ》秀吉とはわがことなり」と「明智《あけち》討《うち》」を演ずるシーンがある。

家康は幼少から能に親しみ、信長は小鼓《こつづみ》の名手で、秘曲「道成寺」まで打ったという。新たに能の大きなパトロンとなったのは、新興の勢いにのった本願寺であり、寧日のごとく「坊主能」が演じられた。

膨大な実技享受者のための、言わば「ハウツー物」が八帖本の『花伝書』であった。その成立は天正か慶長ころと推定されている。一五八二(天正十)年は本能寺で信長が最期を遂げ、その前年には現存最古の能舞台が本願寺に建てられている。七世観世宗節《かんぜそうせつ》が『風姿花伝』の奥書に、世阿弥直系の伝書は「家康に御所持也」とあり、わが音阿弥系列の家と「二礼の外《ほか》あるべからず」と書いたのが一五七八（天正六）年である。二冊しかないという秘伝の、かなりの部分が、なぜ『八帖本』に記載されているのだろうか。

『八帖本花伝書』は、このように世阿弥の論も言葉も用いつつ、それを敷延《ふえん》したものだが、観阿弥・世阿弥の創生期と、江戸時代の間の能の実態を示すものとして、貴重な資料である。このころの能が、現代の能とかなり近いところにきていることが判る。世阿弥を名乗る「偽書」といったイメージの阻害があり、陰陽五行《ごぎょう》説などに偏る弊もあるが、重視すべき出版である。

この『八帖本花伝書』は、岩波書店の日本思想大系『古代中世芸術論』で読むことができる。金春《こんぱる》流の『禅鳳《ぜんぽう》雑談』、狂言唯一の理論書『わらんべ草《ぐさ》』も収められている。また同書の連歌師・心敬《しんけい》の『ひとりごと』には、「天下に近き世の無双《ぶそう》の人々」を語った中に、世阿弥については「猿楽にも、世阿弥といへる者、世に無双不思議の事にて、色々さまざまの能共、作りを き侍り」とある。世阿弥に関する数少ない記載である。この後心敬は、同世代であった音阿弥の芸を激賞していることは先に述べた。

さて本家本元『風姿花伝』の出版は現代におびただしい。野上豊一郎・西尾実校訂の岩波文庫『風姿花伝』から、『失楽園』で著名な渡辺淳一版『秘すれば花』まで、いろいろさまざま。

世阿弥は花伝と呼び、花伝書とは言っていない。そう名付けたと世阿弥自身が書いているのだから、『風姿花伝』が正しい名称であることは言うまでもない。昭和になっても『花伝書』と表題をつけた出版は、八帖本によって桃山から明治に及ぶ、耳慣れた「花伝書の知名度」を利用するかのようで、好ましくない。なお「花伝書」の名称には、発見者の吉田博士にも責任がある。岩波文庫も初版時代は『花伝書』であった。

家康が読んだ『風姿花伝』

読書の達人が選ぶ岩波文庫の百冊の中の一冊『風姿花伝』の、最後のページをご覧頂きたい。観世宗節の興味深い奥付である。

この本は十郎大夫（元雅《もとまさ》）の方のものを書き写したものである。また我が家に伝わる本もある（つまり音阿弥系列の本の意）以上十箇条、まったく同じである。十郎方の本は家康公がご所持である。この二冊以外には存在しないのである。「秘伝々々」。遠州でこれを書き写した。天正六年十月吉日。一五七八年である。西本願寺の国宝能舞台の建つ三年前。この舞台はそもそも家康が坊官下間少進《しもつましょうしん》にプレゼントしたものとされる。信忠（信長の長男）が懇望されたので家康は「花伝抄」を渡した。「乍去《さりながら》大事の書物は御残し候《そうらい》て不参候《まいらせず》」。

つまり家康は『風姿花伝』を読んでいたのである。その軍略や政治哲学には、世阿弥に学ぶところが多かったに違いない。細川幽斎もこの著に接しているという。

十五代観世元章《もとあきら》が『習道書』に注釈を加えて配布したことと、元章と縁の深かった国学者でもあった田安宗武《たやすむねたけ》（八代将軍吉宗の次男）が観世大夫所蔵本の一部を書写したこと、それに江戸後期の学究肌の戯作者・柳亭種彦《りゅうていたねひこ》が『申楽談儀《さるがく》』を入手し、文人達が写本を作ったことなどにとどまり、江戸時代の世阿弥は、吉田東伍の発見を待ってスリープ状態にあった。

素謡《すうたい》の享受は庶民に広まり、能は、世阿弥の論説とは別に、徳川幕府の武の精神による鍛錬によって、いよいよ先鋭化していった。

この『宗節本風姿花伝』の奥書には、世阿弥の嗣子系統と、宗節の家に伝えられただけとあるが、世阿弥の娘聟《むすめむこ》である金春家系統の継承については触れられていない。奈良の宝山寺《ほうざんじ》に蔵された「盛久《もりひさ》、タタツノサエモン、江口、雲林院、柏崎」の世阿弥自筆本と、「弱法師《よろぼし》（竹田広貞《たけだひろさだ》筆）」は国の重要文化財に指定され、観世世阿弥能楽伝書八点、金春禅竹《ぜんちく》能楽伝書五点、金春家武芸関係資料十三巻が奈良県指定文化財であり、佐渡からの世阿弥書状ほか、この寺は能楽研究の拠点となっている。

世阿弥の直系である金春家旧蔵のこれらの文書は、吉田東伍の世阿弥伝書発見から四十数年を経て世に出た。川瀬一馬《かわせかずま》はこれを『頭註世阿弥二十三部集』（能楽社　一九四五年）として発表する。川瀬一馬は、安田文庫にも功績があった古文書研究の権威である。

宝山寺の座敷には、「釣狐《つりぎつね》」「鶏聟《にわとりむこ》」など、狂言の絵の貼りまぜなどあって楽しい。

武と能と世阿弥と

「ある将軍が、その剣術師範に、一人の名高い能役者を見張るようにと命じた。能役者の注意が一瞬でも逸れ、隙《すき》を見せたならば、剣を抜き彼を襲えと命じたのである。その剣士は上演の間何もなすところを知らなかったが、演能が終って、しかし、ほんの一瞬だけ隙が見られたときがあったことを将軍に告げた。浄められた鏡のような舞台の上に落ちていた一粒の砂がその原因だった」。これはポール・クローデルの『朝日の中の黒い鳥』の原注にある逸話である。

元の話はこうも伝えられている。

観世黒雪《こくせつ》が「井筒」を舞った。その途中で柳生但馬守宗矩《やぎゅうたじまのかみむねのり》が気合をかけた。終演後、将軍に訊《たず》ねられた宗矩は、「今日の舞ぶりまことに見事、一分の隙もありませんでした。真剣勝負だったらどこで打ち込めるか、息を詰めておりました。ところが薄《すすき》を押し分けて井戸を覗《のぞ》きこんだときに、僅《わず》かに隙ができたので思わず気合を発してしまいました」。観世を呼ぶと、「実は今日は気持ちよく舞えました。ところが井戸のところで水鏡を見た視野に、何か白い紙のようなものが落ちていて、ふとそれを見てしまいました。柳生殿にそこを見破られたのでしょう」。

名人、名人を知ると褒められたという話である。

作られた話としても、当時すでに武道的な気合の鍛錬に、能が支えられていたことの証左ではあるまいか。

柳生但馬守宗矩は、秘曲「関寺小町《せきでらこまち》」まで演じている能の達者であった。「芭蕉」のクセのはじめ、「水に近き楼台《ろうだい》はまづ月を得るなり」、するすると出て水に映る月を見る型から、「水月ノ伝」を編み出したとも伝える。逆に能の型の名称が、柳生流から来ているという人もある。奈良から柳生の里までに、いくつもの古風な能舞台が残る。

信長、秀吉、家康から、多くの武将達を能は魅了し続けていたのである。それもプロの芸を鑑賞するというのではない。自らが演じているのである。これは、武と能の重なり合いの前提あってのことではあるまいか。

「古今伝授」で述べた細川幽斎は、文武両道、能にも秀でた文化人である。観世宗家宗節・元《もと》尚《ひさ》に師事し、特に太鼓は観世国広《くにひろ》に師事し奥義を究めた。太鼓の最奥の秘曲「懺法《せんぼう》」を、太鼓金春流宗家に伝授したほどの幽斎であった。武人が文化継承の中軸にあった時代を思う。九世観世黒雪の烏帽子親《えぼしおや》ともされる。幽斎の長男・忠興《ただおき》は利休の高弟でもあり、自筆の謡本を残している（なお妻のガラシアは、梅若六郎《うめわかろくろう》（玄祥《げんしょう》）によって、狂言の山本東次郎《やまもととうじろう》作の新作能「伽羅沙《がらしゃ》」のシテとなった）。熊本藩主以降は喜多《きた》流と金春流を庇護し、本座の友枝《ともえだ》家、新座の桜間《さくらま》家と、明治維新から近代に及んで名人を輩出し、侯爵細川護立《もりたつ》自身、桜間伴馬《ばんま》に学んですぐれた舞手であり、富士見町の屋敷に能舞台を構えた。元総理細川護熙《もりひろ》の祖父である。当代は能が苦手で、子供のころは「『今日は金太郎（後の桜間弓川《きゅうせん》）の稽古』と聞くと、庭に隠れたものだ」と伺った。だが後には白洲正子《しらすまさこ》に導かれ、彼女が名人と称揚する友枝喜久夫《きくお》の能に開眼されたという。大名家による能の継承の一例である。

晩年、細川家に仕え、世阿弥の能「桧垣」と同じ場所で『五輪書』を執筆した宮本武蔵も、能に傾倒していたと伝える。二天一流の一刀の形の一本目は「指先」と書いて「さしせん」と言うとか。能と関われば面白い。細川家には世阿弥の伝書が伝わっていたのではなかろうか。なお新作能に「五輪書」があり、喜多流の塩津哲生《しおつあきお》が武蔵を演じ、NHKで放映された。「武蔵の型は熊本の二天一流の荒木家元の処に入門、指導を受けた筋金入りであります。熊本城での収録のときは家元付きっ切りで、ダメ出し連続で大変でありました」と塩津は語る。

近年、文献学は急速に進んだ。同時に体技としての能が、もっと解明されてもよいのではなかろうか。

かなり以前だがNHKスペシャル「驚異の小宇宙　人体」で「しなやかなポンプ―心臓」という番組があった。「道成寺」を舞う能役者・梅若猶彦《なおひこ》に心電計が装着された。気魄《きはく》をぶつけ合う小鼓の大倉源次郎《おおくらげんじろう》の心臓は、一四八から半分の数値に揺れるのであった。これは何を意味するのだろう。不動の姿勢で立つシテの心臓は一八〇台から、「急ノ舞」になるとついに二〇七にも達した。金メダルの走者、カール・ルイスやジョイナーでも滅多にない心拍数と説明された。この番組はおそらく初めての、科学による能の解析であった。

序破急の動きの数値化、能面で視野を塞がれた能役者の脳波の測定、独特の呼吸法、重心を落とした動きのデータ、白足袋の運ビと床の摩擦係数など、進歩した科学技術、スポーツ医学の計測で、能の実態がかなり明らかにされるのではあるまいか。

役に扮《ふん》しても、役になりきってしまってもいけない。常にそれをコントロールする覚めた自己を保てというのが世阿弥の考え方だが、この変身と知覚のバランスが素晴らしいのだと医学者に聞いたことがある。

おそらく能役者は、リラックスして効率の良いアルファ波を基準にして、覚醒のベータ波、瞑想《めいそう》のシータ波、あるいはデルタ波の間を、自由にワープする技を身につけているのではあるまいかと私はいつも思う。ともかく冥界と現世《うつしよ》を自由に行き来する演劇なのである。世阿弥を科学する。もうその時代ではあるまいか。

江戸幕府による能の冷凍化、武家式楽としての古典化は、演劇としての発展を阻害したという非難が一方にあるにせよ、世阿弥の鮮度を、現代まで保ったことも事実である。三百年の「武」の精神に支えられた鍛錬が、世阿弥の軌道をさらに鋭く磨きぬいたのである。

そしてそれが明治から第二次世界大戦後に至る名人の輩出によって、幽玄の花を舞台に咲かせたのであった。

旗本の家の外孫から七歳で宗家を継いだ十四世喜多六平太《ろっぺいた》を、名人に仕込んだのは藤堂《とうどう》、山内《やまのうち》という殿様達であった。藤堂高潔《たかきよ》は、十二代宗家から皆伝を受けたほどの人で、喜多六平太の「石橋《しゃっきょう》」の披《ひら》き（初演）はこの人の稽古によった。『六平太芸談』（春秋社　一九四二年）にこういう話がある。日に五、六度もの稽古だったたという。

藤堂様は一杯めし上った後などですと、お酒臭い息を吹きかけながら、うしろから私の左右の手をとって、サア、こうやって左へ飛ぶ、サア、こうやって右へ飛ぶと、ほんとうに手をとり足をとってのお稽古でした。ある時、私が勢よく飛び上った拍子に、私の頭が殿様の顎にブツかったことがあります。この時は子供心に何かうれしい気がしたことを忘れません。

武人の稽古は、単なる素人の殿様芸ではなかった。ちなみに皇居の「石橋の間」は、前田青邨《まえだせいそん》の獅子《しし》の絵である。喜多六平太は下帯ひとつでモデルとなり、獅子の型を見せたという。

観世元章の改革と世阿弥

十五世観世宗家・元章は国学者や考証学者と協力して、謡の本文を大幅に改訂した。世に言う「明和改正謡本」である。極端な復古主義に貫かれている。観世元章は、田安宗武の強い影響を受けた。宗武は、徳川吉宗の次男に生まれながら、将軍職より自由な立場を選び、賀茂真淵《かものまぶち》に国学を学び、和歌、有職故実においても傑出した足跡を残した人物である。

元章の仕事のひとつは、絶えていた世阿弥作品を復元したことである。「阿古屋松《あこやのまつ》」「佐用姫《さよひめ》」「布留《ふる》」。しかしまた演じられぬようになり、再び復元されたのは近年になってからである。

能の詞章をどう改定したのか。世阿弥の「井筒」一例だけを挙げる。

夫婦住み給ひし石の上なるべし──→夫婦住み給ひし古きあとなるべし
その業平《なりひら》はその時だにも──→その業平は古へだにも
なほなほ業平のおん事──→なほなほ業平の事
井筒にかけしまろがたけ──→井筒にかけしそのほども
生ひにけらしな──→過ぎにけらしな
詠みて贈りける程に──→詠みたりければ
聞けば妙なる有様の。あやしや──→聞けばいよいよ有様の。あやしや
契りし年は筒井筒──→契りそめしは筒井筒
井筒にかけしまろがたけ──→井筒にかけしそのほども
生ひにけらしな──→過ぎにけらしな
さながらみみえし──→さながらまみえし

どうも「改善」とは思えない。特に「本説《ほんぜつ》」の和歌の改変を、世阿弥はよいとは言うまい。「妙なる有様の」は世阿弥の秀句である。現代語に訳せないような雰囲気、彼女の発するオーラをそれこそ微妙に匂わせているのだ。それを「いよいよあやしい」としたのではまったく詩

にならない。「みみえし」を、「まみえし」と一方的な視点にしてしまっては、二重写しの効果が失われる。

この改訂は不評を買い、十年ほど強制されたが、元章没後三か月経つと、将軍の意向もあって旧に復した。謡を全部覚え直すのは、能役者はもちろん、将軍ほかの能の弟子達も、それこそたまったものではなかったろう。明和の改正の影のブレーンであった田安宗武は、あまりの不評に、興味が能から遠のいたともされる。

元章のさらなる仕事は、演出の改定の工夫と制定であった。現代に継承された演出がおびただしくある。「養老」の「水波之伝《すいはのでん》」など、ことに好まれて上演されている。

世阿弥の能は、このような試行錯誤も重ねつつ、今日に伝えられたのである。

観世元章は、世阿弥の『習道書』に注釈をつけて出版し、座の人びとや関係者に配布している。一七七二(安永元)年のことである。残念ながら「風姿花伝出版計画」は実現しなかった。草稿が現存するという。もしこれが江戸中期に果たされていたら、世阿弥の評価はどれほど変わったことだろうか。

「能の本を書く事、この道の命なり」。世阿弥はこう言い切っているが、江戸時代、正規の曲目として加えられた能は観世流の「梅」一例であるように、この道は閉ざされたままであった。しかし一方では膨大な数の謡が作られていた。ちなみに田中允《たなかまこと》（穂高光晴）『未刊謡曲集』には、二千五百もの曲が納められている。謡は庶民の間に大流行していたのである。黒船が来航すると、すぐ謡が作られた。時代に敏感に反応していたのである。

明治以降に作られた、能として上演目的の作品は、一括して「新作能」と呼ばれる。能の時間軸は百年では足りないのである。能のシテとして世阿弥が舞台に立つことを述べる前に、どういう人物が新作能に取り上げられたか、時代の風潮を見るために、人名だけを記しておく。

歴史上の人物としては、安倍晴明・安倍仲麻呂・太田道灌・加藤清正・伽羅沙・関白一条教房・楠木正成・坂本龍馬・成吉思汗《チンギスハン》となった源義経・菅原道真・大塔宮《だいとうのみや》・平重盛・高山右近・秦河勝・藤原秀衡・三浦按針・宮本武蔵・源実朝・和気清麻呂といった人物像。『源氏物語』からは紫の上が新登場する。

芸術関係では、加賀の千代女・世阿弥・高村光太郎と千恵子・松尾芭蕉・与謝野晶子・利休。

宗教家は、鑑真・寛朝《かんちょう》・空海・顕如《けんにょ》・興教《こうぎょう》・聖徳太子・親鸞・日蓮・蓮如ら。

外国筋では、項羽《こうう》と虞美人《ぐびじん》、始皇帝、アインシュタイン、オセロ、キリスト、クレオパトラ、ジャンヌ・ダルク、トマス・ベゲット、パウロ、ハムレット、マクベスらが、能の舞台に立つのである。

作者の方は、井沢元彦・石牟礼道子《いしむれみちこ》・宇野信夫・梅原猛《うめはらたけし》・加賀乙彦《かがおとひこ》・実相寺昭雄《じっそうじあきお》・瀬戸内寂聴・高橋睦郎《たかはしむつろう》・田中智学《ちがく》・那珂太郎・村上元三・吉井勇・吉田喜重《よしだよししげ》と多彩な顔ぶれ。

能に深くかかわりを持つ人びとでは、大和田建樹《おおわだたけき》・笠井賢一・高浜虚子《たかはまきよし》・武智鉄二《たけちてつじ》・多田富《ただとみ》雄《お》・堂本正樹《どうもとまさき》・土岐善麿《ときぜんまろ》・西野春雄《にしのはるお》・馬場あき子・林望《はやしのぞむ》・松野奏風《まつのそうふう》・丸岡大二《まるおかだいじ》・水原紫苑《みずはらしおん》・山崎楽堂《やまざきがくどう》・横道萬里雄《よこみちまりお》・渡辺守章《わたなべもりあき》ほか。

それに注目されるのは、能楽師による作品の多さである。シテ方の青木道喜《あおきみちよし》・浅見真健《あさみまさたけ》・宇《う》高通成《だかみちしげ》・梅若猶彦・長田驍《おさだたけし》・片山博通《かたやまひろみち》・観世榮夫《ひでお》・金春信高《のぶたか》・津村紀三子《つむらきみこ》・津村禮次郎《れいじろう》・味《み》方健《かたけん》。笛方の帆足正規《ほあしまさのり》、小鼓方の穂高光晴《ほたかみつはる》（田中允）。狂言方の野村万之丞《のむらまんのじょう》（萬）・山本東次郎。

私はここで新作能の芸術的成果を述べようとするのではまったくない。能がこういう題材にまで展開している、世阿弥が現代にこう扱われたという、「社会現象」のデータ提供である。

次に、能舞台に立った世阿弥についてのみ簡単に紹介する。『金島書《きんとうしょ》』をアレンジした私の「配所・佐渡の月」は、伝の巻に述べた。

金春信高作「佐渡」一九九〇年　世阿弥・金春信高

「身も万里の果てにして。佐渡てふ島の憂き住居。なおいつまでか。ながらへん。あら定めなの。身上やな」。孫娘がひそかに訪れてくる。「景清《かげきよ》」のスタイルである。

能恋しさにひたすら謡うと、真如実相《しんにょじっそう》の月が冴え、「わが身を離れてわが身を知る。離見の見のいみじくも」、佐渡も今は安らぎの島となったと語る。世阿弥はかつての興福寺の盛儀を思い、父の死と長男の死、自分の不運を回想するが、能は果てしなき幽玄の花を咲かせるであろうと、月の下に序ノ舞を舞う。

「われ猿楽の家に生まれ。能ひとつに過ぎこし」と「佐渡」の詞章にある通りの生涯を送った宗家は、文筆にもすぐれた。世阿弥の娘聟、金春禅竹の直系である。

竹腰健造《たけこしけんぞう》作「世阿弥」一九四一年　世阿弥・初代金剛巌《こんごういわお》

「スーパー能　世阿弥」パンフレット

第二次世界大戦中、新作能どころではない世相の中で、これほどの作品が演じられていたとは。建築家・竹腰健造は占領軍から公職追放されるほどの大物であった。宝生《ほうしょう》流の能を舞う。初代金剛巌は、闊達《かったつ》優艶な能役者。史上初の世阿弥を演じたことになる。現宗家金剛永謹《ひさのり》の祖父。

世阿弥の配所、満福寺《まんぷくじ》の庵を寺僧が訪れる。「花の盛りも今熊野。鹿苑院《ろくおんいん》の大前に。お能の場の翁舞。父諸共に召されたり」という時代から「道を究め名を挙げ。幽玄無上の風格に。達せし身」となり、「一天万乗の大君」の叡覧《えいらん》は「一門の栄芸道の誉れの極」は変わるまいと思われた。当代の世となって「まことの芸は跡絶えて。只《ただ》かりそめの。若木の花の時得顔」、立会い能に破れたのは運の尽きるところ。「伊勢路の露と消え果て」た元雅を惜しむ心が、この新作の芯として語られる。形見の装束で序ノ舞を舞うのは、世阿弥の「木賊《とくさ》」のパターン。「夢路に子をば思はなむ。夢路に子をば思はなむ」と終わる。

片山博通作「世阿望憶（原題　世阿弥）」一九六二年　世阿弥・片山博通（先々代九郎右衛門《くろうえもん》）

片山博通は片山幽雪《ゆうせつ》の父。二十四世観世宗家左近の弟。この自作自演の翌年、「求塚《もとめづか》」を演じつつ世を去った。

佐渡配流を解かれた老残の世阿弥。都へ帰る途中、石山寺に詣でる。月の清らかさに「砧《きぬた》」

の能が蘇る。「百万」は愛し子に巡り会えたがと、先立った息子の死を嘆きつつ、「隅田川」に稚児を出すか出さぬかの論争が思い出される。夢幻のうちに「妙花風の女」が現れ、世阿弥と共に舞う。「命には終あり。能には果てあるべからず。なほなほ勉めよ勉めよと。云ふかと思へば。幻の女の姿は」消え、杖《つえ》を力にして世阿弥は「弱々よろよろと。故郷さしてたどり行く。姿ぞ哀れなりける淋しき姿なりけり」。

浅見真健作「面塚」一九六三年　シテ・浅見真健

シテは歌舞の菩薩《ぼさつ》であるが、世阿弥生誕六百年祭に作られたものゆえ、ここに加える。芸道執心の男が、流祖の遺跡を巡り、面塚に導いた船人は、我こそ歌舞の菩薩と告げて消える。アイ狂言は面塚供養の女達の神楽。後は歌舞の菩薩が、男に芸道の秘儀を伝える。「諸人の心を和らげ。上下の感を成さん事。寿福増長の基。また仮齢《かれい》延年の法にして。万徳了達の。妙花を究むる所なり」と世阿弥用語が連ねられ、男と菩薩の相舞《あいまい》となる。観世流の長老の自作自演。このとき世阿弥作の「松浦《まつら》佐用姫」も観世元正《もとまさ》（左近）により復活上演された。

穂高光晴作「世阿弥再見」一九九一年　世阿弥・津村禮次郎

命日に補巌寺《ふがんじ》を訪れた僧の前に、世阿弥の霊が現れる。「今二十世紀の能を見るに。幽玄の大事なことに誤りはなけれども。力動を許さざりしは。我が一期のあやまちなり」。幽玄の美を守りつつ、気迫の充実こそ大輪の花、時代が磨きあげた成果とするのが作者の主張である。帝国大学出身、幸流《こうりゅう》の小鼓の職分、田中允として活躍した。法政大学教授。

元雅、信光《のぶみつ》、音阿弥、禅竹の霊が現れ「石橋・紅葉狩・道成寺・野宮・定家」を舞い、最後に世阿弥が「山本小町」を舞う。「桧垣」でなく廃曲を取り上げたのは、『未刊謡曲集』の筆者ゆえで、世阿弥作と仮託している。力動の能から幽玄の美へと移行し、能でしか表現できない枯淡美の極地で終わるという構成。

梅原猛作「スーパー能　世阿弥」二〇一三年　世阿弥・梅若玄祥

梅原猛は市川猿之助のスーパー歌舞伎で一世を画し、ヒットラーならぬドットラーを茂山千作《しげやませんさく》に演じさせた。スーパー狂言である。原爆発射ボタンを押し間違えて、全世界に糞尿の雨を降らせ、皆が戦争の意志を喪失し、ノーベル平和賞が授けられるというストーリー。続くのがこのスーパー能である。野村万作《まんさく》のナレーションでは、スーパー歌舞伎の俳優が、チャップリンに比して語られる。老哲学者の稚気を愛すべきか。

「世阿弥さま世阿弥さま。一大事が起こりました」。元雅の庇護者である越智《おち》役の宝生欣哉《きんや》が橋がかりから駆け込んでくる。元雅が将軍の刺客に殺された。「なに死んだというのか。あの若い元雅が」と梅若玄祥の世阿弥。尼姿の母親・寿椿（味方玄）は「悲しうございます」とシオル。確かに明快で解りやすい。

「能の詞章も現代語で語られれば、能が多くの日本人に親しまれるのではないか」。これが作者の主張である。NHKは「スーパー能～650年目の革新～」と銘打ち、制作過程も別番組となった。「音阿弥は能を作らないから観世大夫は譲れぬ」という視点と、世阿弥の命を奪われないため、元雅が自らを犠牲にしたという切り口が新しい。差し違えて死のうとする世阿弥夫妻の前に、元雅の亡霊（片山九郎右衛門）が現れ、駆けつけてきた音阿弥（山階彌右衛門《やましなやえもん》）と禅竹（観世芳伸《よしのぶ》）と、さらに創作の道を進むと決意した世阿弥の前で、三人が共に舞う。「めずらしき三人舞を奏でつつ。千代に八千代に栄え祈らん。千代に八千代に栄えたり」。地謡は大槻文蔵《おおつきぶんぞう》が率いた。これが国立能楽堂委嘱による「世阿弥生誕六百五十年」の、壮大な夢であった。

名人は世阿弥を読んだか　梅若万三郎《まんざぶろう》兄弟と喜多六平太の場合

ある日のことだった。

私としてはもっと、曰く言いがたし、というその言いがたい所の「名言」が聞きたいばかりに、きっと読まれた事はないだろうと思って、得々として世阿弥の花伝書をたずさえて行った。

「先生、この本お読みになったことありますか。これこそほんとの芸術論というものです」

今から思えば心ないしわざであったが、……その時実さんはこう答えられた。

「いえ、そういう結構な書物がある事は聞いておりましたが、未だ拝見したことはござんせん。芸が出来上るまで、決して見てはならないと父にかたく止められておりましたので。……しかし、(ちょっと考えて) もういいかと思います。が、私なぞが拝見して解りますでしょうか」と。

私はいたく恥じいった。むろん本はそのまま持帰ったことはいうまでもない。

『白洲正子全集　第一巻』（新潮社　二〇〇一年）の中の一節である。明治三名人のひとり初代梅若実《みのる》は、明治維新で壊滅状態となった能を復興させた大功労者だが、その子供の先々代梅若万三郎と先々代梅若六郎（後の二世実）は「万六時代」と言われる能の黄金期を築いた。白洲正子は六郎家（二世実）の能の弟子であった。弟のドラマチックな芸風に比べて、兄の万三郎は、世阿弥が父の芸風を評したように、「山をも崩す」といった迫力ある舞台で能楽界に君臨し、最初の芸術院会員に選ばれた。その『万三郎芸談』には、「幽玄の能」の章にこうあるだけである。

近頃御研究下さる方々の御説を承りますと能の幽玄ということは私共が習ったのとは別になかなか深い意味がございますようです。私共の書物には「江口」「熊野」「吉野静」これは幽玄の能で、「春の夜の明けるが如し、静なるやうにて夜の明けるに随ひ次第次第に四方の山の霞も晴れ、花めきてさはやかに見ゆる如くに舞なす事肝要なり」とあります。私共はむつかしい事は存じませんがやはり此の教えを護って勤めるようにいたしております。

（『万三郎芸談』積善館　一九四六年）

例えば『八帖本花伝書』には「幽玄は、春の曙《あけぼの》に似たり」とある。これだけで舞台に幽玄の花を咲かせ、大万三郎と呼ばれた名人であった。

気合の名人として不世出の十四世喜多六平太も、こう語るだけである。

世阿弥の著書に、初心忘るべからず、という言葉がある。これは芸を永年練磨して、腕達者になっても、いつも初心の時のような、初々しい、精神を、失っては不可ないということだとおもう。……一番毎に、初々しい、清新な心持、清新な心持をもつということは、非常に大切なことである。世阿弥は、老後初心忘るべからず、と云った。八十四になったわたしでも、この気持は失わないつもりでいる。

（『六平太芸談』）

明治三名人、宝生九郎・梅若実・桜間伴馬の後継者の時代。観世流の梅若万三郎（先々代）、梅若六郎（二世実）、観世華雪《かせつ》、橋岡久太郎《はしおかきゅうたろう》、先々代観世喜之《よしゆき》、先代梅若六郎。宝生流の松本《まつもと》長《ながし》、野口兼資《のぐちかねすけ》、近藤乾三《こんどうけんぞう》から高橋進《たかはしすすむ》、田中幾之助《たなかいくのすけ》、金春流の桜間金太郎（弓川）と桜間道雄《みちお》、本田秀男、金剛流の初代金剛巌、豊嶋弥左衛門《てしまやざえもん》、喜多流の喜多六平太、後藤得三《ごとうとくぞう》、喜多実とい

った人びとは、まさに世阿弥の幽玄の花を舞台に開かせた。

しかしこれらの名人達は世阿弥理論で武装していないばかりか、その存在にすら無関心ではなかったか。このギャップをどう考えたらよいのだろう。

さらに敷延すれば、世阿弥の伝書は秘蔵されていたのだから、それを学ぶことのできた観世流と金春流だけに、名人上手が輩出していなければならない道理だった。

これも世阿弥理論の実効性をめぐる謎ではあるまいか。

寿夫《ひさお》の次弟、観世榮夫は喜多流に移り、映画や演劇にも活躍し、兄の死後、観世流に復帰した風雲児であったが、この後に述べる能学塾には週に三回通ったという。その著『華より幽へ』（白水社　二〇〇七年）にこうある。「それ以前は『伝書なんて読んでいるんじゃ、うまくなれない。そんなもの読んだって無駄だ。伝書を読んでうまくなるんだったら、誰だってうまくなってしまう』と、むしろ害があるかのごとく酷評されていた」。これが当時の風潮であった。

世阿弥への回帰　観世寿夫

豊かな天分と、たぐい稀《まれ》な資質を備えながら、少しもその才能に溺れることなく冷徹に

「能」を見つめ、努力しつづけた観世寿夫の能役者としての心の支えは「世阿弥のことば」であった。自己の肉体を通して、「世阿弥のことば」を理解し、血肉化した能役者の魂をこの書に見る。

これは『心より心に伝ふる花』（角川ソフィア文庫　二〇〇八年）の帯に寄せた親友の野村万之丞（萬）の文章である。『心より心に伝ふる花』は、死を目前にしながら書かれた、観世寿夫の遺言となった。

世阿弥理論を舞台に実践した、あるいはし得た演戯者であった。世阿弥はともかく観世寿夫の出現を五百年待ったのである。

若手の能役者のための能学塾が開かれたのは敗戦の翌年、一九四六（昭和二一）年のことである。学習院院長の安倍能成《あべよししげ》、哲学者・桑木厳翼《くわきげんよく》、音楽研究随一の田辺尚雄《たなべひさお》、能の研究の先駆者である野上豊一郎、能楽史の権威の能勢朝次《のせあさじ》、歴史学者・野々村戒三《ののむらかいぞう》、歌人の土岐善麿という、錚々《そうそう》たるどころか超一流の碩学《せきがく》が講師に名を連ね、当時能の将来をいかに先人達が重く憂えていたかが判る。観世寿夫は、そこでとことん世阿弥を学び、それを文字通り「血肉化」した能を舞台に実現したのだった。

世阿弥理論を踏まえて、新しい能の世紀の先頭を切ったのが観世寿夫である。

先述した中央公論社の日本の名著『世阿弥』の、「演戯者からみた世阿弥の習道論」は、まず際だつ論文である。観世寿夫は、多くの著作も遺し、『観世寿夫著作集』（平凡社　一九八〇年）の第一巻の表題は「世阿弥の世界」である。

「『能の奥を見せずして生涯を暮らす』（『花鏡』）ことを、演能の面だけでなく著述においても実行した能役者が観世寿夫であった」と表《おもて》章《あきら》は言う。

観世寿夫の喩《たと》えようもない緊張感と、華麗で多様な表現力の核となったのは、世阿弥理論であった。例えば彼が「柏崎」を舞ったとする。子供と再会できた喜びと、先立たれた夫への癒やされることのない悲しみが、同時に見えるのであった。彼はそういう能を舞った。

彼の世阿弥論は、貪欲なまでの追求心による、表現者としての肉体で濾過《ろか》された発言として不滅の光芒《こうぼう》を放つ。『心より心に伝ふる花』ほか、「二十一世紀の花伝書」とされる『観世寿夫世阿弥を読む』（平凡社ライブラリー　二〇〇一年）、すべて世阿弥の真髄に迫る。

彼はある時期、当時珍しかったジョニーウォーカーの赤が手に入ると必ず嗅ぎつけて、「地回りだ」と称して私の四畳半のアパートで朝まで論じた。彼のマンションも近かった。しかし口にするのは能と世阿弥であって、世間話などの類は一切口にしない人であった。

名優ジャン・ルイ・バロオとの友好はすでに多くを述べた。一九六〇（昭和三五）年の華の会の招待能で観世寿夫は「半蔀《はじとみ》」を舞った。バロオは、動かぬ能の演戯の奥にあるエネルギーに感嘆し、『芸術新潮』の座談会でこういうことまでを言った。「一切が不動性と沈黙のなかにいちどおしころされることによって、そのなかから、魂がたちのぼるのです」と。

もちろん「ゼアミ」は多く話題となり、「オウミサルガク（近江猿楽）」の蘊蓄《うんちく》までが出た。あらゆる仕事をなげうって一年くらい日本に来て能の技術を学びたいと言い、その代わりに観世寿夫を芸術留学生制度の第一号としてパリに招いた。観世寿夫はパントマイムを学んだ。この交流の熟成を待たず、観世寿夫は五十三の若さで癌《がん》に倒れた。

「観世寿夫で能は終わった」というほどの衝撃であった。観世寿夫没し、弟の観世榮夫、観世静夫《しずお》も不帰の客となって久しい。観世寿夫の世阿弥洞察。そのほんの一部だけを『心より心に伝ふる花』から引用しておく。「夢幻能の基調」の中の一節である。

将軍の座をねらっての権力闘争、将軍の交替、それらは嵐のように世阿弥たちの生活を振りまわす。彼の配流の理由も、観世座の継承問題で将軍義教の怒りに触れたのかと想像できるわけだが、そうした無常の世相をひしひしと感じたとき、権力者の暴力に立ち向かう唯一の手段として彼が考え出したのが、禅的な思考の上に立った「無」への回帰だったのではないだろうか。彼は六十歳頃に出家し、至翁善芳《しおうぜんぼう》と名乗るが、それ以前から曹洞の竹《ちく》窓智厳《そうちげん》を師と仰いで参学していたのである。役者というはかない立場では、力をもって対抗しても結局は身を滅ぼしてしまう。そこで表面では幽玄と言い無と言って反発をうけ流し、その裏側において死の世界からの怨念といった最も人間的なものをえがこうとしたのが彼の中期以後の作品だったと思う。波乱万丈の一生の中で、孤立無援で生き抜いた世阿弥の、その晩年に至るほど、内心の深さと強さを私たちは見ることができるのではないだろうか。

世阿弥復元の時代

昭和のはじめ、英文学者の野上豊一郎は、能に新しい地平をひらいた。最初の『能 研究と発見』（岩波書店）の刊行は、一九三〇（昭和五）年、私の生を受けた年である。続いて『能の再生』が刊行される。外国人の目で能を見直し、外国人の頭で能を考えねばならぬ、というのが野上博士の提唱であった。

夏目漱石（ワキ方の名人・宝生新《あらた》に師事）門下の、安部能成、小宮豊隆《こみやとよたか》、野上豊一郎、そして桑木厳翼、能勢朝次、野々村戒三、という学界の巨人が日本に存在し、能を支えた時代である。

野上豊一郎は後に法政大学総長に就任し、没後の一九五二年、その蒐集《しゅうしゅう》した書籍を中心に野上豊一郎記念法政大学能楽研究所が生まれ、追随を許さぬ能の研究の中軸として現在に至る。

第二次世界大戦後、実技解明における横道萬里雄、古文書研究における表章、双璧の研究者によって能の研究は飛躍的に進捗し、多くの学者を生んだ。表章がその大著『観世流史参究』のあとがきに「私の卒業を待っていたかのように設立された法政大学能楽研究所の助手になったが、当時は能楽を研究する若い研究者が皆無に近かった（私の後には続出した）」と書いているように、二〇〇二（平成一四）年に発足した能楽学会は、今や会員数約四百人を越える盛況。学者と能役者の交流と連携はいちじるしく進みつつある。事務所は早稲田大学演劇博物館。私の早稲田在学時代は、河竹繁俊先生の講義など、「能は歌舞伎の肥やしである」と能は疎外視されていたものだ。

観世宗家の膨大な文献の調査は、二〇〇四（平成一六）年から松岡心平《まつおかしんぺい》東大教授を中心に、日本学術振興会科学研究費補助金による六千点の古文書がデータベース化、観世アーカイブとして公開され、細部にわたる研究が進展しつつある。法政大学能楽研究所の「金春家旧伝文書デジタルアーカイブ」など、容易に検索、閲覧できるのである。

この一巻、これは元雅口伝の秘伝なり。しかれども、早世なるによりて、後世にこの題目をだれにも知る人あるまじければ、紙墨にあらはすなり。もしもその人出で来ば、世阿が後代の形見なるべし。深秘々々。

（『却《きやく》来《らい》華《か》』）

その「深秘」に誰しも触れられるという、よき時代が到来した。世阿弥の言葉を借りればまさに「あまねき慈雨」である。「菩提の果《か》」がどう果たされることだろうか。

気鋭の学者と開かれた演戯者との共同作業、浅見真州《まさくに》、梅若六郎（玄祥）、大槻文蔵、片山幽雪、観世清和《きよかず》、八世観世銕《てつ》之丞《のじょう》、観世榮夫、観世元正（左近）、金春信高、山本順之らにより、埋もれていた世阿弥作品ほかの復活は、まさに百花斉放の観がある。

例えば浅見真州は「重衡・丹後物狂・明智討・鐘巻・逢坂物狂」の上演を果たし、大槻文蔵は「松浦佐用姫・苅萱《かるかや》・多度津左衛門《ただつのさえもん》・維盛《これもり》・鵜羽《うのは》・敷地物狂《しきちものぐるい》・鐘巻・長柄・古作の自然居《じねんこ》士《じ》・経盛《つねもり》・当願暮頭《とうがんぼとう》・渇水龍女《かっすいりゅうにょ》」を復活上演している。たいへんな努力である。

天野文雄、池田広司、伊藤正義、梅原猛、表章、河野由《よし》、土屋恵一郎・堂本正樹、西野春雄、松岡心平、村上湛《むらかみたたう》、横道萬里雄らの学究が協力しての成果である。

世阿弥生誕六百五十年に当たって、国立能楽堂と観世宗家ほかの共同作業として、世阿弥自筆本による上演が注目された。観世文庫創立二十周年の記念でもある。「布留・難波梅・松浦佐用姫・阿古屋松」。観世清和には世阿弥の「箱崎」「泰山木《たいさんもく》」の復曲の功績もある。

この流れに先立つ一九六〇（昭和三五）年の「泰山府君《たいさんぷくん》」は、二世金剛巌による、世阿弥復元第一号の仕事であった。

ここで、ただ惜しむらくは研究者の専門分野である。古文書読解の文献学においては精緻の域に達しつつあるが、能と世阿弥の、文学、哲学、心理学、美学、演劇学、医学ほか、総合的な解明の進展が望まれる。能のワキ方でもある安田《やすだ》登《のぼる》の身体技法的解明、能も舞う武道家であり思想家である内田樹《うちだたつる》の発言なども、新しい方向を示唆している。

世阿弥生誕六百年に書かれた戯曲、「世阿彌」の憎まれ口が、予言にならねば幸いである。

佐渡遠島を言い渡す音阿弥。花伝書は金春禅竹に預けてあると世阿弥。


わからぬか。あれは私の、仕掛けた罠《わな》だ。このさき多くの猿楽師が、あれに足をばすくわれるであろう。凡庸の者は言葉にとらわれ、形ばかりの能を演じる。覇気ある者は殊更に、あれに叛《そむ》いて形を破る。だが、そのゆえに、才子は却《かえ》って才に溺れるのだ。このさき何百年、あれは無数のにせ物どもの、躓《つまず》きの石となるのだ。長い長い時の歩みに、私はそうして立ちはだかってやるのだ。

（山崎正和『世阿彌』）

世阿弥がだんだん遠くなる――

最後にもうひとつ。四十三年前、私は中公新書『能の表現―逆説の美学』を書いた。十万部を越えて読まれ、しばしば大学入試に出題されたので、今もゼミの教材に使われている。

お贈りした野上弥生子先生からおハガキを頂いた。

「私のようなものには、今のように能の盛んなことがむしろ怖ろしい」とあった。

能や狂言ブームの起こり始めの時期だったが、ひそやかで凜《りん》とした美しい能が、まだこの世にあった時代でさえこれである。国立能楽堂発足の十年も前である。

芥川龍之介は、先にも述べた「金春会の『隅田川』」をこのような皮肉で結んでいる。「バアナアド・シヨウはバイロイトのワグナアのオペラを鑑賞するには仰向けに寝ころんだなり、耳だけあけているのに限ると云った。こう云う忠告を必要とするのは遠い西洋の未開国だけである。日本人は皆、学ばずとも鑑賞の道を心得ているらしい。その晩も能の看客は大抵謡本を前にしたまま、滅多に舞台などは眺めなかった！」。

これまた九十年前の状況である。名人揃いの舞台も、観客のほとんどは謡を稽古している「お弟子さん」に占められていた。現代は能を能とし、能を演劇として見る時代となった。能役者は実に幸せな時代に巡り会ったと思う。

近年の寧日の上演の多さと、多様性というより、誰が何を演《や》っても誰も無関心、規制のはずれた、言わば無政府状態の能楽界を見られたら、野上弥生子先生はどう言われることだろうか。世阿弥研究の道は着々と進みつつある。しかし、逆に世阿弥という人間像と、心を打つ舞台はだんだん遠くなっていくのはなぜだろう。

ただ望まれるのは、世阿弥のいう新しい時代の「花」を舞台に咲かせる、能役者の出現である。現代は能という「様式」の先鋭さに、改めて驚いているだけのことではあるまいか。やがて、人びとは能に「感動」を求めはじめるだろう。理論武装と舞台の花は、能の両輪ではあるけれど、ほとんど別のものでもある。ここがつらい。

世阿弥はどこへ行く。

附祝言《つけしゅうげん》　世阿弥が咲かせた野の花　黒川能ほか

有明海に近い一万四千人規模の福岡県みやま市高田町に、新しく薬局を開こうという人がいた。「ここの町民になると神社の祭りに参加する義務がありますができますか」と聞かれて、神輿《みこし》を担ぐくらいだろうと思って「はい」と答えると、なんといきなり「船弁慶《ふなべんけい》」のワキ、弁慶を勤めることになったという。宝満《ほうまん》神社に奉納される「新開能《しんがいのう》」である。小学生の狂言などほほえましく楽しい。

佐渡には今も三十余の能舞台が残り、農民、漁民の人びとが親しく能を舞う。宝生流の本間家も佐渡の能の核であるが、以前蕎麦《そば》屋などにいると佐渡の人が「本間の能を見ていても佐渡の能はわからん」などと話しかけてきたものだ。

雪深い東北の農村に伝えられた黒川能は、そのシステムの見事さと、規模の大きさと、独自の芸格で特に注目される。もちろん世阿弥以前の形態とは考えにくい。しかしおそらく室町の末ごろには、ある意志をもって春日神社の神事としての能が導入されたのではあるまいか。そのとき、すぐれた演出家が、上座、下座の、競い合いの卓抜なシステムと、能を軸とした壮大な祭りを構築したに違いない。黒川能の流れに、「松山能」「大須戸能《おおすどのう》」などがある。

黒川には五流にない昔の能の演出が残っていたり、五流に絶えた曲目も多く伝えられてもいる。どの流派の影響も受けず、黒川は黒川流の矜持《きょうじ》を保つ。東京や京都ほかの招聘《しょうへい》もあり、アメリカ、フランス公演も行われた。

神様と、農業と、高度な芸能と。この美しい融合の姿は、バリ島の場合とまったく重なり合う。黒川能の若者とバリ島を訪れ、バリ舞踊の天才と言われたマリオの記念劇場で、芸能の交流を行ったことがあった。

プロの能役者による五流の能は洗練を究めた。

黒川ほか、庶民の伝える能には、あたたかな心が燃えている。生活の中に能がある贅《ぜい》。おそらく世阿弥も想定しなかっただろう野の花が、今に咲き匂っているのだ。

ある年、佐渡に世阿弥を求めつつ、黒川の役者衆と『風姿花伝』を読んだことがある。「それ中楽延年の事態《ことわざ》、その源を尋ぬるに」。暫《しばら》くはよかった。古人の掟《おきて》、三重戒として「好色・博奕《ばくえき》・大酒」でハタと詰まった。好色、バクチは知らず、なにせ酒祭りの異名をとる二月の王祇祭《おうぎまつり》は、一軒の当屋で六石飲むほどの村である。

「これは困った。世阿弥さまに叱られた」

知恵者あり。「いや黒川の酒は中酒くらいである。中酒ならば許されるのではないか」。これでようやく「年来稽古条々」に進めたのである。

正法寺の世阿弥腰掛けの石に、若者たちは腰を下ろし、「これがほんとの結縁《ケツエン》だ」とはしゃいだ。まだその頃は柵にも囲われず、ポツンと孤影が濃かったのである。ともかく世阿弥伝説は、この石と雨乞いの面の二つしかないのだ。

佐渡に遺る世阿弥伝説　正法寺・腰掛けの石

「風姿花伝など聞かねばよかった。能が難しくなって困った」と言いながらも、世阿弥の著書を買い込むのが黒川の人びとなのである。

世阿弥さまも、この能の広がりを、にこやかに見守っておられるに違いない。

「なほ行く末も久しけれ」

あとがき

世阿弥と酒が酌みたいだろうか。いつも思います。

世阿弥学は日々に進みながら、世阿弥という人間像が少しも見えてこないもどかしさ。あれほど大部の伝書と能を遺しながら、日常に関するデータがなさすぎるのです。将軍の限りない愛顧を背景にしながら、どんな能を舞ったという記述とか、スケッチくらいあってもよさそうに思います。政治的に資料が隠滅されたのではないかという疑いを、私は捨てきれないのです。

世阿弥をめぐる謎は、深い闇の中です。あるいはそれは世阿弥自身が意図したものではなかったか、そんな論も試みてみました。学者は、世阿弥の面白いところを、だんだん否定していくのですが、能は生き物です。世阿弥が現代とどう関わっているか。それを書きました。世阿弥に関する先人の書物は、それこそ汗牛充棟《かんぎゅうじゅうとう》に余ります。違う切り口はないか。それには私のじかに体験したことを書くしかありませんでした。どうしてという疑問だけを改めて並べただけかもしれません。

多くの方々の文章の引用は、違う角度からの光を、世阿弥という巨大な存在に当てようと思ったからです。史実にない部分を埋めるのは、作家のようなイメージを広げることも必要です。この本は、新たに能や世阿弥に興味を持たれた方の「索引」の役にもなろうと心がけました。『世阿弥初心』を書名とするつもりでした。老後の初心どころか、初期の初心段階に留まったままである私に、自らあきれるゆえでありました。『世阿弥の世界』という晴れがましさになったのは、編集部の意向によるものです。

船曳由美さんの推挽《すいばん》と軌道修正でこの本ができました。平凡社「太陽」〝雪国の秘事能〟以来の「戦友」。名編集者である船曳さんには『一〇〇年前の女の子』（講談社　二〇一〇年）の素晴らしい著書もあります。編集担当の伊藤直樹さん。武道家としてのユニークな視点をいろいろ提供していただきました。それに遅筆を寛大に見守ってくださった椛島編集長。

伝来の能面の写真掲載をお願いした観世宗家、その撮影の林義勝さん。舞台写真の演者の方々。校閲の矢野寛治さんのご苦労ほか、多くの先人、お世話になった多くの皆さんに、心からのお礼を申し上げます。

あの世の世阿弥様は、八・五秩《ちつ》と自分を越えた老齢者が、こんな本をまたと、苦笑されているに違いありません。

二〇一五年五月　　　　増田正造

◇世阿弥の伝書略解［ほぼ年代順］

風姿花伝《ふうしかでん》

世阿弥最初の秘伝書。世界に冠たる芸術論である。完成に二十年ほどを要したとされる。世阿弥理論の出発点であり、すべての伝書の萌芽を含む。年代による稽古のカリキュラムを説いた「年来稽古条々」。能のジャンルによる演戯論「物学条々」、初心者とのQ&Aの「問答条々」。これが前編。能で言うと前シテである。アイ狂言ともいうべき場所に座の伝承を述べた「神儀云」。ここは世阿弥以前からあった文章ではないかとされる。後シテの部分は「奥義云」「花修云」「別紙口伝」。論調は明晰を極め、後期の伝書のような晦渋さとは一線を画す。「秘すれば花なり　秘せずは花なるべからず」の論が最終にきて、「一子たりと云うとも、不器量の者には伝ふべからず」という強い意志で結ばれる。

花習内抜書《かしゅうのうちぬきがき》／能序破急事《のうじょはきゅうのこと》

特に一日の演能を序破急のリズム形で捉えるべきことを説く。後の『花鏡』の「序破急之事」と同じ内容。

花鏡《かきょう》

世阿弥伝書の最高峰。『風姿花伝』以後、約二十年間の体験と思索が凝縮されている。漢文風の標語を多く見出しにしているのも特徴。奥の段が「初心忘るべからず」である。『風姿花伝』の初心忘るべからずの却来である。

音曲口伝《おんぎょくくでん》

音曲とは、能の詞章ではなく、謡だけを言う言葉である。祝言の声、ぼうおく（望憶）の声、節訛りと文字訛り、曲舞と只音曲の違いなどが説かれる。この伝書の発展が「節付」「曲付」「風曲集」「五音曲」の系譜となる。

至花道《しかどう》

「是風・非風」「皮・肉・骨」「体・用」など、対立する抽象的な概念を用いた論が目立つ。

二曲《にきょく》三体《さんたい》人形《にんぎょう》図《ず》

童舞、老体、老舞、女体、女舞、軍体、砕動の鬼、力道の鬼、天女の九つのジャンルを図示し、老体には「体心捨力」と、女体には「閑心遠目」とか、暗示的な言葉が添えられている。演戯論である。黒髪を長く添えた女体などは、日本最初のヌードの絵ではなかろうか。身体の構えなども現代とはかなり異なって描かれている。

三道《さんどう》

「能作書」とも呼ばれるように、能の作り方の伝書。老体の能として「高砂（相生）」、「蟻通」「融（塩釜）」など、女体の能として「松風（松風村雨）」「桧垣（桧垣の女）」「鵜羽」ほか、軍体の能として「通盛」「忠度（薩摩守）」、遊狂の例として「丹後物狂」「自然居士」、砕動風（鬼）として「通小町（四位少将）」「恋重荷」などが挙げられている。花から幽玄への傾斜がはっきり見られることに注目される。

曲付次第《ふしづけのしだい》

謡の作曲についての伝書。

風曲集《ふうぎょくしゅう》

謡の謡い方に関する伝書。

遊楽《ゆうがく》習道《しゅうどう》風見《ふうけん》

習道論として高く評価される伝書。詩経、論語、般若心経の言葉を引いて、年齢による稽古、生涯の序破急、高い芸位、妙花の芸風などを説く。

遊楽芸風五位《ゆうがくげいふうごい》（五位）

川瀬一馬によって発見された伝書。奈良・宝山寺に蔵されていた。高い位に達した芸を、妙風、感風、意風、見風、声風に分類し、漢籍による抽象的な説明を加える。

九位《きゅうい》

上三花（妙花風・寵深花風・閑花風）、中三位（正花風・広精風・浅文風）、下三位（強細風・強麁風・麁鉛風）の芸位を、禅の言葉を交えつつ説く。中三位から入って、上三位に至り、下三位まで演じこなしたのは観阿弥しかいなかったことを力説し、下三位を出発点としてはならぬと説く。能の修道、美の本質、芸の位を体系化した、高度な伝書とされる。一方、堂本正樹は、このようなランキング表は「世間と隔絶した老人の、孤独な楽しみ」「事大主義」と手厳しく批判する。（『演劇人世阿弥』ＮＨＫブックス　一九九〇）。哲学的な深みととるか、世阿弥の衒学的な癖《へき》ととるか。

六義《りくぎ》

金春系統の伝書で、川瀬一馬により宝山寺で発見された。和歌で言う六義と世阿弥の妙花風、正花風など九位の考え方を結びつけたもので、世阿弥としては「牽強付会」の説との批判もある。

拾《しゅう》玉《ぎょく》得《とく》花《か》

金春宗家から一九五五年に発見され、世阿弥研究に大きな進展をもたらした伝書。最も新しく世に知られた伝書である。金春禅竹への相伝が明記されている。陰陽の和合から、花、面白き、序破急、成就、我意分など、重要な概念を再論したもの。表章はこの命名を「花を獲得する芸論の精髄を集めた」と説明している。

五音《ごおん》曲《きょく》条《じょう》々《じょう》

「五音」と同時期、世阿弥晩年の成立とされる。謡のスタイルを樹木と和歌に喩えて説明し、中国の古典も引用。祝言の「安全音」が、すべての音曲の根底にあると説く。五つの音曲の分類は「五音」と同じである。

五音《ごおん》

田楽の音曲は亀阿弥、近江猿楽は犬王、達人は皆昔となり、今は観阿弥節が当流の規範であるとし、祝言・幽曲・恋慕・哀傷・闌曲の実際例として、七十一番もの能の詞章を挙げる。半数近くの曲に作者名が記されており、作者を考える上でも貴重な資料である。

習《しゅう》道《どう》書《しょ》

座の棟梁、統率者と、脇の役、笛の役、鼓の役、狂言の役の心得を説いたもの。各役は棟梁の芸が不足していても、それを支えるべきこと、全員一致の協力を強調する。傾いていく観世座を憂えて結束を指示したものとされる。個人への相伝ではなく、座の全員に向けてのものであるところが、ほかの伝書と異なっている。

世《ぜ》子《し》六《ろく》十《じゅう》以《い》後《ご》申《さる》楽《がく》談《だん》儀《ぎ》

「たち返り法《のり》の御親の守りとも引くべき道ぞせきな留めそ」。次男の元能は、父の晩年の芸談を書き留め、これを父との決別の書として出家した。芸能の歴史、芸能者の芸風と逸話、音曲や演戯の教え、勧進能や「翁」の故実、面や装束まで、抽象的な記述ではなく、具体的な内容だけに、資料価値は高い。世子は世阿弥への尊称。

夢《む》跡《せき》一《いっ》紙《し》

父の観阿弥よりもすぐれていると して嘱望していた長男・元雅の急逝に、「道の破滅」と嘆息した追悼文。痛々しい父の悲しみが迫る。元雅の死に関する唯一の資料。

却《きゃく》来《らい》華《か》（却来花）

嫡男・元雅に口伝として伝えたものだが、その死によって秘伝「却来風」の断絶を憂えて書き残したとある。却来とは高い次元に至って原点に戻ることを言う。世阿弥最後の理論書。短い伝書。舞の左右左、天女の舞、白拍子、翁の舞などが記されているが、実質的内容が乏しいと、世阿弥の衰えを指摘する人もある。

金《きん》島《とう》書《しょ》

佐渡流罪を、エッセイ風のタッチで描く。感情の爆発はホトトギス鳴かずの里のみで、この平穏さはなぜか。若州（出発地点）・海路・配所・時鳥・泉・十社・北山の七篇。永享八（一四三六）年、世阿弥最後の痕跡である。当時七十四歳。「あら面白や佐渡の海。満目青山。なをおのづから。その名を問へば佐渡といふ。金の島ぞ妙なる」という結びも暗示的である。

◇世阿弥関係の能一覧［五十音順］

現研究段階で一応世阿弥作と考えられている曲に●マークをつけ、世阿弥作の可能性のある能、改作・補綴の曲目を加えた。●印も異説がある。※は復元上演されたもの。◇は廃曲である。

葵上《あおいのうえ》

光源氏をめぐる愛の葛藤。六条御息所の生霊が葵上を苦しめ、鬼となって行者と争う。人気第一の能。近江申楽の犬王の得意芸。世阿弥改作か。六条の屈辱の象徴である破れ車と、若いお伴の生霊の出る古式も近年上演されている。三島由紀夫の近代能の方が原典通り、若林葵の死で終わる。

阿古屋松《あこやのまつ》 ●※

歌人藤原実方《さねかた》が塩釜の明神から歌枕の阿古屋松の話を聞く。世阿弥自筆本現存。

芦刈《あしかり》（難波）

身分ある家の乳母となった妻と、落ちぶれて芦売りとなった夫。メロドラマ風の再会劇。

敦盛《あつもり》 ●

花の姿のまま戦死した少年敦盛と、出家した熊谷次郎直実。戦乱を背景に管弦の優雅が際だつ。

海人《あま》（海士）

わが子を大臣の位につけるために、命を捨てて竜宮に奪われた宝珠を取り戻す強烈な母性愛が描かれる。後シテは成仏する竜女の姿で、仏法を讃えて舞う。古作の能。

綾鼓《あやのつづみ》（綾ノ太鼓）

綾で張った鳴るはずのない鼓が、身分違いの恋を嘲笑する手段。老人の悪霊が最後まで女御を責めぬくところが、怨念を翻して女の守護神となる「恋重荷」と違っている。

蟻通《ありどおし》 ●

雨の夜の神域に傘をさし松明をかざしながら登場する宮守の老人は、蟻通明神の化現。静謐《せいひつ》に徹する能の表現の極。

井筒《いづつ》 ●

廃墟の在原寺。井筒の女の亡霊は男装の姿で恋の思い出を舞う。世阿弥六十歳過ぎの作品。

鵜飼《うかい》

密猟の罪で殺された鵜使いの亡霊が、執心の鵜を使う前段。後段は地獄の鬼（閻魔大王）が登場。

浮舟《うきふね》

『源氏物語』の女人の、恋のもつれに原因する妄執を描く。素人の作詞に世阿弥が節付けしたもの。

右近《うこん》（右近の馬場） ●

桜葉の女神が月下の桜に舞い戯れる、幽玄味の濃い脇能。

采女《うねめ》

帝の愛が薄れたのを恨んで猿沢の池に死んだ女官の霊。一部は世阿弥の散佚した能「飛火」とされる。

鵜羽《うのは》 ●※

鵜羽葺不合尊《うのはふきあわせずのみこと》の母の豊玉姫の霊、後シテは竜女の姿で、干珠・満珠の奇跡を舞う。義教暗殺のときの曲は不吉として、江戸時代から上演が途絶えていた。観世清和はこの能に「天女ノ舞」を復元。

雲林院《うんりんいん》（古作）

二条の后の兄の藤原基経が鬼に近い姿で登場し、業平と武蔵野に隠れた妹をつれ戻すのが古い世阿弥自筆本の形。鬼の後半が優美なものに切りかえられたのは「融」や「来殿」にも例がある。

江口《えぐち》 ●

西行と和歌の論争をした遊女の霊。後段の舟遊びの遊女は普賢菩薩となって西の空に消える。崇高で華麗な能。「江口遊女　亡父作」。世阿弥自筆本が残り、アイ狂言のセリフも書き込まれている。

老松《おいまつ》（追松）●

菅原道真を慕って都から九州に飛び移った追松。老体の能。世阿弥は「高砂」「蟻通」と共に本格的な脇能とする。飛梅の精も登場する演出がある。

逢坂物狂《おうさかものぐるい》（逢坂）●※

逢坂の関にたむろする芸能者たち。目の見えない乞食（実は逢坂の関の明神。やがて父子再会が果たされる）の手を引く芸の上手な少年。長大な「海道下りの曲舞」が骨子の能。

姨捨《おばすて》（伯母捨）●

山に捨てられた老女の霊は、恨みも悲しみも浄化されて月光の精のように舞う。秘奥の能。

花月《かげつ》

清水寺の花の下で芸能を披露する半俗半僧の美少年。「げに恋はくせもの」の小歌は当時の流行歌。

柏崎《かしわざき》

夫の病死と子供の家出と二重の悲しみを負った狂女。舞の上手であった夫の冥福のため、形見の舞の衣裳をつけて舞う。榎並の原作を世阿弥が手を入れたのだから、世阿弥の作だと主張されている。

葛城《かずらき》

『風姿花伝』に言う「小さき能の、さしたる本説になけれ共、幽玄なるが、細々としたる能」に当たろうか。容貌を恥じつつ雪の葛城山に舞う女神。古雅な大和舞の幻想が広がる。

通小町《かよいこまち》（四位少将）

深草の少将の恋の怨霊。執拗な男の執心と、それから逃れようとする女心の交錯を描く。古い作品を観阿弥が改作し、さらに世阿弥が手を入れたものか。

邯鄲《かんたん》

夢の中で皇帝となって歓楽を尽くす青年。五十年の栄華も粟の飯を炊く間のはかない夢。人生への疑惑、最高の満足、夢覚めての悟りと、三転する場面と心理を描く傑作。三島由紀夫『近代能楽集』の題材。

砧《きぬた》●

夫への想いを砧打つ音に込め、淋しく死んで行く独り寝の妻。作詩・作曲共に世阿弥の世界を行きつめた作品。「かやうの能の味はひは、末の世に知る人あるまじ」とする自信作。江戸期に復元された能。

清経《きよつね》●

一門の行く末をはかなみ、月にひかれ笛を吹きならして入水した左中将平清経。恨みを述べる妻の夢枕に現れた亡霊は、すべてを押し流す運命の推移を物語る。

呉服《くれは》（綾織）

中国の織姫の霊が神の扱いを受けている。織物の技術を尊重し神聖視した表現か。

恋重荷《こいのおもに》●

老いらくの恋の悪霊。錦で飾られた巌の重荷が与えられた恋の試練。自殺した老人は、悪鬼の姿となって女御を責めるが、最後に悪心を翻し、女御の守護神となることを誓う。江戸期に復元された能。

高野物狂《こうやものぐるい》（高野）●

親子ではなく、幼君を慕う傅人《めのと》（養育係）の物狂い。元雅作曲のクリ・サシ・クセを、世阿弥がこの能に導入したとされる。作者に佐阿弥説もある。深々とした高野山の雰囲気と求道の姿が独特。

維盛《これもり》◇

平重盛の嫡男・維盛の霊。維盛の嫡子である六代らの夜念仏の中に現れ入水を物語る。

西行桜《さいぎょうざくら》（西行）●

老桜の精。西行法師の夢の中で和歌の問答を交わす気高い翁が、春の夜のベールを通して京都の花の名所を描く。墨絵の桜といった趣。世阿弥の詩心の際だつ能。

桜川《さくらがわ》 ●

母の貧苦を見かね自ら人買いに身を売った少年・桜子。桜川のほとりで、桜の花の散るのを惜しみ、すくい網を持って狂う母。春の華やかな花の中で、いっそうあわれが深い。詩的な世阿弥の物狂い能。

実方《さねかた》 ※

藤原実方の霊。わが美貌を水鏡に写すが、老いた姿に驚愕する。ナルシストの能。

実盛《さねもり》 ●

錦の直垂《ひたたれ》を着、白髪を黒く染めて戦死した老武者の心意気。重厚な修羅能の傑作。

志賀《しが》

大伴黒主の霊が、志賀の桜を背景に和歌の徳を讃える。「養老」と共に草書体の神の能。

自然居士《じねんこじ》

「命を取らう」「命を取るともふつと下りまじい」。人買いの手に渡った少女を救おうと、説教者・自然居士は人買いと渡り合う。古作を観阿弥が改作し、さらに世阿弥の手が加わっているか。劇的な名作。

春栄《しゅんねい》（春永）

捕虜になり運命に翻弄される少年。身がわりに立とうと名乗り出た兄。義理能と呼ばれる会話の部分の多い能。「丹後物狂」「住吉物狂」「芦刈」などと共に、世阿弥の能はメロドラマにまで広がっている。シュンエイとも。

鍾馗《しょうき》

鍾馗大臣が、国土守護の鬼神となった姿を描く。金春禅竹作ともされる。前段のクセを、世阿弥は「哀傷の本風也」と書いている。

須磨源氏《すまげんじ》（光源氏・須磨）●

光源氏の霊。極楽の歌舞の菩薩という扱い。須磨に舞い降って舞を見せる。観阿弥時代の古作に世阿弥が手を加えた能か。「融」に似ているが、上演はむしろ稀である。

住吉物狂《すみよしものぐるい》（高野）◇

両親に別れた花若をともない都にのぼる播磨の人が、住吉に詣で、子を尋ねて狂う老人夫婦に出逢い、親子再会となる。廃曲。歌舞伎の外題に「住吉物狂」がある。

蟬丸《せみまる》（逆髪《さかがみ》）●

皇子蟬丸は盲目のため山に捨てられ、皇女逆髪は髪の毛が逆立って狂気の放浪を続ける。戦時中は上演が憚られた能。逆髪は杉本苑子、山本昌代、富岡多恵子らが小説の題材にしている。

関寺小町《せきでらこまち》（小町）●

関寺の草庵に忘れられた存在の小町。和歌を学ぶ稚児に七夕の祭へと誘われ、童舞の面白さに昔を思い出して舞う。老残の身と過去の幻影の対比。最奥の曲を現在能とするのも能の主張。

卒都婆小町《そとばこまち》（小町）

老衰の乞食となった小町に、百夜《ももよ》通いの果てに死んだ深草の少将の亡霊がのりうつる。会話の面白さ。狂乱から悟りへ。旧作の短縮が世阿弥の仕事か。「秀吉が見た能」として、当時の演能形態が山本順之によって復元されたことがある。三島由紀夫「卒塔婆小町」も評価が高い。観世流はソトワコマチと言う。

泰山府君《たいさんぷくん》（泰山木）●※

桜の命を延ばすために現れる風雅な鬼神。桜を慕う天女を出し「巌に花の咲かんがごとし」を舞台化した能。世阿弥の処女作ともされる。世阿弥復元第一号として二世金剛巌が演じた。

当麻《たえま》 ●

世阿弥最晩年の作とされる。小林秀雄『無常という事』には、先々代梅若万三郎の「当麻」が描かれて名高い。中将姫曼荼羅《まんだら》伝説の能。崇高な宗教的雰囲気で貫かれ、老女能に準じて扱われる。

高砂《たかさご》（相生）●

相生の松のめでたさ。長寿と夫婦愛の賛美。和歌の徳が平和の基礎であるという設定。後段は神松の精（住吉の明神）が聖代をことほいで凜然と舞う。世阿弥の代表作だが、細かい変化をつけ過ぎたと自身反省している。徳川氏の松平姓にちなむものとして、江戸期には特に尊重された曲。

多度津左衛門《ただつのさえもん》（多度津）●※

出家した父を捜す姫と乳母。女人禁制の高野山に入るために、二人とも男装の物狂いとなり、親子再会を果たす。女性差別告発ともいえる能。世阿弥自筆の能本が現存する。

忠度《ただのり》（薩摩守）●

勅撰集に選ばれた和歌の作者名を発表してほしいと、あの世から訴える風雅の執心。岡部六弥太と組んで討たれる最期を物語る。「修羅がかりにはよき能」「忠度上花か」と世阿弥は自讃している。

丹後物狂《たんごものぐるい》※

遊芸に手を染めたと怒って一子を勘当した二日酔の父。入水した少年。物狂いとなり放浪の父。命救われ説法僧となった息子との邂逅。世阿弥の得意芸で、伝書に多くの記載がある。井阿弥原作。

玉水《たまみず》◇

男に捨てられたと思って入水した女。鬼の姿の男との執心の物語。『看聞日記』に上演記録が残る。

土車《つちぐるま》

土を運ぶ車に幼君を乗せ、物狂いの芸で命をつないでいる零落の主従。道心ゆえ名乗るまいとする父の心の葛藤。直面《ひためん》（素顔）の物狂いを、世阿弥は「物まねの奥義」とするが、上演は稀な能である。

経盛《つねもり》（常盛）◇

親である経盛夫婦の舟に、熊谷の使いが敦盛の首を届ける能。元雅作ともされる。

鼓滝《つづみのたき》◇

帝に使える臣下が、摂津の国・鼓の山で、山神の奇瑞に会う。永禄年間の上演記録あり。

融《とおる》（塩釜）※

陸奥の塩釜の態を邸内にしつらえ、塩焼く煙の風雅を愛でた左大臣融の霊。月下の廃墟に懐旧の情を見せる前シテの老人と、月の精とも思える後シテの遊舞とが対比され、詩趣豊かな名作。後シテが鬼の姿で現れる観阿弥の能を、世阿弥が優雅な貴人の姿に変えたとされる。

東岸居士《とうがんこじ》

橋の普請の勧進のため、遊狂の舞を見せる喝食《かっしき》の僧。舞い戯れる狂言綺語《きぎょ》は、人びとを仏法へ誘い入れるための方便。「花月」「自然居士」と共に放下《ほうか》（中世の芸能者）の能として記載されている。

唐船《とうせん》（ウシヒキ）

舟争いで日本に抑留された唐人。現地妻との間の二人の子と、迎えに来た中国の二人の子の板挟みになって投身しようとする。許されて全員帰国の船中で、喜びの舞が舞われる。なお中国に渡った日本生まれの子が、物狂いとなった母を中国に連れ帰る後日談に廃曲「箱崎物狂」がある。

東北《とうぼく》（軒端梅）

シテは和泉式部の霊であるのか、彼女が植えた梅の精であるのか。具象的な演戯はほとんど影をひそめ、舞台に描かれるのは、春の夜の闇に流れる梅の香であり、王朝の「艶」そのものの造型である。

木賊《とくさ》（フセヤ）●

行方知れずの子供の舞の衣装を身につけ手ぶりを真似て「序ノ舞」を舞う老いた父。老女物に準じて重く扱われる。前半の木賊刈りの鄙びた情景。草刈りの芸能は、田楽能の系統を引くものという。

知章《ともあきら》

十六歳の公達が、父の平知盛をかばって戦死したあわれさを作る。それを見殺しにした父の苦衷も、この能の前後で語られる。上演が稀な修羅能。

朝長《ともなが》

源朝長は、平治の乱で重傷を負い、自害をとげる。観音懺法《せんぼう》の弔いに現れた彼の霊が語る十六歳の最期。前シテは、朝長の死を見届けた青墓の宿《しゅく》の長の中年の女性。作者に元雅説あり。「懺法」の演出になると特に重い能となり、太鼓方最高の秘曲となる。

難波《なにわ》（難波梅） ●

帰化人王仁《おうにん》の霊が、木花咲耶姫《このはなさくやひめ》と共に出現して、難波の浦に夜の舞楽を展開する。世阿弥自筆本が残り、前シテは「チゴ」を伴う。梅若玄祥と観世三郎太で、この演出が復元された。

錦木《にしきぎ》（錦塚） ●

恋する女に三年間も錦木（求婚のしるし）を贈り続けて死んだ男と、それに気づかなかった女。あの世で夫婦になった喜びを語る。陸奥の風習を扱った能。

鵺《ぬえ》 ●

回想形式の夢幻能で書かれた怪異の能。鵺は夜の闇が生んだ妖怪である。その亡心が救いを求める前段。源頼政の功名と重なって語られる最後の有様の後段。不気味な詩趣をたたえる。屈指の名作。

野守《のもり》 ●

地獄の鬼神だが、少しの悪意も害意もない。大きな鏡（すべての哲理を洞察する鏡）を持って登場し、天から地獄の有様までを映して見せる。宇宙衛星の原点のような、世阿弥の発想である。

白楽天《はくらくてん》

日本の知恵を探りにきた唐の詩人を、住吉明神が海上に迎え、漢詩に和歌をもって対抗する。昔は一場物の能であったらしい。

箱崎《はこざき》 ●※

九州箱崎八幡宮。神功皇后の故事の能。観世清和によって復元され、八幡宮の社殿で奉納された。世阿弥の伝書にある「天女ノ舞」として、神舞に始まって一調子高い盤渉《ばんしき》早舞となり、神舞に戻る工夫がなされた。

花筐《はながたみ》（花形見） ●

天皇の皇子時代の愛人が、形見の花籠を持つ物狂いを装って行幸をさえぎり、その愛をつなぎとめることに成功する。天皇の前で舞う「李夫人の曲舞」は観阿弥の作曲として有名。

班女《はんじょ》 ●

愛の誓いの扇を抱いてさすらう狂女。恋慕の幽玄味を強調する艶麗な物狂い能。恋人との再会でハッピーエンドとなる。三島由紀夫『近代能楽集』に「班女」があり、坂東玉三郎の上演が好評を得た。

桧垣《ひがき》（桧垣の女） ●

美しい過去ゆえに老衰はいっそう無残である。白拍子（舞姫）は、その美の奢りの罪によって死後も地獄の責めを受ける。「定家」「砧」「求塚」という、暗く救いのない女の能の系列にある老女物である。地獄から老いを、それから全盛の時代を回想するという二重の夢幻能構造。世阿弥の最高傑作。

百万《ひゃくまん》

嵯峨の釈迦堂の大念仏に、わが子をたずねる母の物狂い。舞の衣装で登場する百万は、有名な曲舞師。わが身の上と寺の縁起を語る芸づくしの能。梅若玄祥は、車の作り物を出し、「歌占」の地獄の曲舞を挿入して観阿弥時代の面影を再現した。中里恒子に小説「百万」がある。

富士山《ふじさん》 ●

不死の薬を求めに来朝した唐の勅使を前に、富士山の山神と赫耶姫《かくやひめ》が、富士が仙境であることを誇示する。山神を老体でなく荒々しい神の姿で出す流儀もある。世阿弥の伝書に曲名の記載がある。

伏見《ふしみ》 ◇

平安宮造宮のとき、帝に歌を捧げた伏見の翁の能で、これも老体の神の能であったと思われる。

船橋《ふなばし》（佐野船橋）●

親に恋を隔てられ、橋から落ちて死んだ恋人。悲恋の執心の姿を描く。田楽の能だったという。世阿弥は『三道』に砕動の鬼（人間が変身した鬼）の代表曲のひとつとして挙げている。

布留《ふる》●※

天理の石上《いそのかみ》明神で、山伏は川で布を洗う女から神体である剣の謂われと、布留川の伝説を聞く。山伏の夢に女神が剣を捧げて現れ、舞を舞い、素盞嗚尊《すさのおのみこと》の大蛇退治を演ずる。「応永三十五年二月日　世書」と記した自筆本がある。世阿弥は亡父作書として挙げ、『中楽談儀』に解説している。

放生川《ほうじょうがわ》●

生きた魚を放つ放生会の神事。男山八幡の徳を讃える武内の神の能。この世でも二百歳を生きたという長寿の人である。『中楽談儀』に「八幡放生会の能」と記載がある。

松尾《まつのお》

嵯峨の松尾明神。神は仏の化現という本地垂迹説《ほんじすいじゃくせつ》が説かれる。この能は夜神楽と本文にあるものの「神舞」である。世阿弥時代に演じられていた曲。観阿弥作とも。

松浦佐用姫《まつらさよひめ》（松浦・松浦鏡）●※

松浦潟で旅の僧は海人乙女から遣唐使に選ばれた恋人との別れを悲しんだ遊女・佐用姫の物語を聞く。後シテは神鏡を持った佐用姫の霊。船出に領巾《ひれ》を振り、遂に入水したことを語る。観世元正（左近）による復元曲。流儀の正式レパートリーに。世阿弥自筆本「松浦之能」あり。

松風《まつかぜ》（松風村雨）

月夜の須磨の浦に汐を汲む海人乙女の詩情と、恋人の形見を身につけての恋の妄執の狂乱。配流の貴公子・在原行平に愛された姉妹の亡霊。「求塚」の地獄の描写や「通小町」もそうだが、「幽霊の現在能」とも言える作り方が、世阿弥の夢幻能の肌合いと微妙に違っている。観阿弥原作。

通盛《みちもり》

越前の三位平通盛は、後を追い自殺した妻の小宰相の局《こざいしょうのつぼね》の霊と共に現れ、戦の非情を訴える。井阿弥原作。世阿弥改作。「言葉多きを、切りのけ切りのけ能になす」とある。修羅能の原点とされる。

水無月祓《みなづきばらえ》●

夫婦約束を交わした男を慕う室《むろ》の津の女の物狂い。遊女の真実の恋を描く「班女」と同巧の曲。現在は男女の別れの前半を省略した形で上演される。賀茂明神の茅の輪をくぐる夏越《なごし》の神事の能。

御裳濯《みもすそ》（御裳濯川）

八咫《やた》の神鏡の鎮座の地を求める倭姫《やまとひめ》に、五十鈴川の土地を譲った猿田彦の神話。世阿弥時代に存在したとされる能。現在金春流だけが現行曲。

室君《むろぎみ》（竿ノ歌）

室の明神の御神事で、室の遊女たちが神楽を捧げると、室の明神（女体）が出現して舞うという単純な曲。シテが一句も謡わない変則の能である。

求塚《もとめづか》

二人の男に同時に求婚され、選択を悩んで入水した女を追って、男も刺しちがえて死んでしまう。前段の若菜摘みの早春の風物詩が、一転して乙女の墓の前での悽愴な物語となり、後段では地獄で痩せおとろえた乙女の、救われぬ魂のあえぎが浮かびあがる。観阿弥作とされたが世阿弥説が台頭。

八島《やしま》（屋島・義経）●

前段では春の八島の風物、古戦場の哀愁、化身の漁翁の語る義経の武者ぶりが語られ、後段では義経の霊が、弓流しのさまと修羅道での闘争を示し、朝風と共に消え失せる。修羅の苦患《くげん》にも堂々と立ち向かう英雄の姿が小気味よい。修羅能の大曲。世阿弥も修羅能の代表作としている。

山姥《やまんば》●

山姥は女の霊鬼とされるが、深山の空気が凝ったような超自然の妖精である。山廻りの曲舞《くせまい》を得意として百魔《ひゃくま》山姥とあだ名される遊女の前に、正真の山姥が現れ、自身の山廻りの態を見せる。善悪不二、邪正一如と哲理を説きつつ、四季そのものを舞う。能だけが可能にした演劇世界である。鶴見和子の最終歌集が『山姥』。「山姥われ　よし足曳きの山巡りいづくの雲に消えんとすらん」。

夕顔《ゆうがお》

「半蔀《はじとみ》」と同じく、光源氏との契りを懐かしんで舞うのだが、六条御息所の嫉妬の恨みにはかなく死んだ夕顔のあわれさが強くうち出され、沈んだ趣のさびしげな作品となっている。『三道』に記載がある。

弓八幡《ゆみやわた》（八幡）●

神の能の典型として「直《すぐ》なる体」「曲（曲折）もなく、真直なる能」と世阿弥は言う。武の神である男山八幡も、弓は袋に、剣を箱に納めるという平和を祝う能。「高砂」「老松」と共に、真の脇能とされる。

養老《ようろう》（養老滝）●

前シテは神の化身でなく、奇蹟の泉を飲んで長寿を得た老人。後段は山神の祝福の舞。天女の役の出る演出は江戸期の工夫である。草書体の世阿弥の脇能（神の能）。

頼政《よりまさ》（源三位・宇治頼政）●

平等院に恨み多い七十五歳の生涯を閉じた源三位頼政。宇治の名勝を背景にした橋合戦の、むしろ華麗な描写に特色がある。この能をパロディ化した狂言に「通円《つうえん》」がある。

軍体の能「清経」

観世清和

女体の能「江口」

観世清和

老体の能「関寺小町」

梅若玄祥

◎能の用語略解［五十音順］

家元制度　江戸幕府の専属芸能になったときから「万事大夫の下知に従うべし」と、能は家元制度で運営されてきた。流儀の統率権、演出権、人事権、免状発行権、明治以降の謡本の発行権などを掌握するが、緩和化の方向にはある。他の芸能のように芸力や経済力によって流儀を立てるということはない。最も新しい流儀が、幕府の命令で生まれた喜多流一例のみである。梅若流樹立も、信長からG・H・Q時代までの懸案であったが、観世流に復帰した。

イロエ　漢字を当てると彩色。舞台をゆっくり回って情緒をかもし出す動作、またその囃子。

カケリ　修羅能の戦闘の狂騒や、物狂いの心の変動を現す演戯。テンポが急に早まったり、静まったりする。

キリ　能の最終部分。

狂言　狂言のみを演ずる専門職。能の中でも「アイ狂言」として役を受け持つ。大蔵流、和泉流がある。「翁」の三番叟を舞うのも大事な職掌。

義理能　ストーリーと言葉の面白さが強調された能。世阿弥用語。

クセ　能の物語の主要部分。観阿弥が先行芸能の「曲舞《くせまい》」を能に導入したものとされる。舞う場合と、シテがじっと座ったままと、途中から舞う三通りがある。

クリ　クセの序に当たる謡。高い音階で謡われる。

現在能　夢幻能に対する言葉。現実の時間と空間の中で進行する能。

小《こ》書《がき》　能や狂言の特殊演出。曲名の左側に小さく書き付けて予告するのでこの名がある。

子方　子供の役。天皇や義経などを子方に演じさせるのも能の独特の主張。

五番立　能の上演様式。「翁」は必ず一日の最初に置かれる。それから神様の能「脇能」、武人の「修羅物」、女性をシテとする幽玄な「鬘物」、ドラマチックな「四番目物」、鬼や精霊のフィナーレ「切能物」と続き、最後にめでたい「祝言能」を演じ添えるのが正式な番組と言われてきた。江戸中期からとされる。初期の頃は四、五番ほどの上演であったが、室町末期には一日に十番余も演じていたらしい。現代における「翁」つき五番立の催しは、年一回の能楽協会式能が二部制で行われるのと、黒川能の神を民家に迎えての王祇祭の例にほとんど限られる。

サシ　クリの後、クセの前にあるリズムをとらないレシタティーボ風の謡。

シテ

能の主役。能面をかける特権を持ち、あらゆる役に扮する。地謡もシテ方の職掌。観世流・宝生流と金春流・金剛流・喜多流の五流がある。喜多流以外は観阿弥時代から奈良の興福寺に属する芸能集団であった。

素《す》謡《うたい》

能の歌唱、「謡」だけを独立させたもの。能の創始以来、根強い人気を持つ。一部分だけ謡う「小《こ》謡《うたい》」、囃子を伴う「番囃子《ばんばやし》」、鼓と謡の一騎打ちの「一調《いっちょう》」、それに笛の加わる「一調一管」、能の後半部分だけを演ずる「半能」。面・装束を用いず袴と紋付きのまま舞う「袴能」など、能には略式演奏がいろいろある。「仕舞」は能の主要部分だけを、紋付き袴で、地謡だけで舞うもの。能のデッサンだが、能より能の骨法そのものが見えて面白い。「舞囃子《まいばやし》」は、地謡と囃子で、能の主要部分を紋付き袴のままで演ずる様式。

地《じ》謡《うたい》

能の斉唱部分。また八～十二人程度の斉唱団。シテ方から出る。統率者を地頭《じがしら》と呼ぶ。能のドラマの進行役でもある。情景を描写し、背景を語り、演者を代弁する重要な役。地謡がコトバ（節のついていない部分）を謡うことはない。

作り能

先行文芸に拠らず、ストーリーを創作した能。

附《つけ》祝《しゅう》言《げん》

催しの最後にめでたい謡を謡い添えること。

ツレ

シテまたはワキに従って出る役。シテヅレ、ワキヅレという。

中入り

登場人物がいったん舞台から退くこと。中入り前を前シテ、装束を改めて出る後場を後シテという。中入りは一かゼロで、何度も中入りのある能はない。ワキも中入りすることがある。相撲の「中入り」とは違う意味である。

能楽

明治時代の造語。能＋狂言を包括する言葉だが、能だけを意味しても使われる。狂言は歌舞伎狂言などと区別して、能狂言と呼ばれることもあるが、近年NHKなどでは「能・狂言」という表記で能と狂言両方を指しているので、やがては一般化するかもしれない。

能楽堂

それまで、野外または屋外にあった能舞台が、もうひとつの屋根のある屋内に入った「常設の能の専門劇場」ができたのは、明治二十年代のこと。東京タワーのあたりに、貴族達の拠金による芝能楽堂である。この時「申楽（猿楽）」に代わって「能楽」という言葉が作られた。

能舞台

京間六間平方の檜舞台。右手に地謡座、奥に囃子方の後座《あとざ》。左側に長い橋がかりがつく。橋がかりは昔は舞台に四十五度の角度とされたが、角度が浅くなる傾向にある。通路であり、演技の場所であり、いわばあの世とこの世を結ぶ架け橋である。五色の揚げ幕の奥が鏡の間。楽屋で装束をつけおえたシテは、この鏡の前で能面をかけ、出を待つ。変身のための魔法の空間である。ここで床几にかけるのは、シテだけの特権である。現存最古の能舞台は京都西本願寺の国宝北舞台。今も稀に能の上演をみる。信長が本能寺で倒れる前年の建造である。海の上の厳島神社能舞台、杉の巨木に囲まれた中尊寺の舞台など、古風ゆかしい。佐渡には三十余の能舞台があり、能が上演されている。能舞台の背景に老松を描いた「鏡板」。すぐれた反響板である。国立能楽堂の絵柄は、週刊誌が取り上げるほどの論争となった。

ノリ

能のいうリズムのこと。拍子に合うものに、十二音を八拍にあてる平ノリ、十六音を八拍に割りふる躍動的な中《ちゅう》ノリ、八字八拍のゆったりとした大《おお》ノリがある。拍子に合わぬ謡もある。節のない部分を「コトバ」というが、一種の抑揚があるので広義の歌といえる。

能を舞う

舞のない「鉢木」や「景清」でも、「景清を演ずる」と言ってもよいのだろうが、「景清を舞う」とする。つまりどのような写実的な演技でも、「舞」という様式の純度に高められていなくてはならないとする能の理念による。「能を踊る」と言うと、とても嫌われる。舞うと踊るは本質的に違うのである。あと「オメン」もいけない。「面」「能面」「オモテ」と言う。「メンをカブル」もいけない。メンをカケル、またはメンを着ルである。能と付き合うときの留意点は、これくらいである。

囃《はや》子《し》方《かた》

笛方、小鼓方、大鼓方、太鼓方。それぞれの専門職で、他の役を兼ねることはない。いくつかの流儀に分かれる。

本《ほん》説《ぜつ》

『源氏物語』『伊勢物語』など、能の題材となる典拠。世阿弥は「本説正しき能」をよい能の第一条件とした。

舞《まい》事《ごと》

能の純粋器楽演奏による舞の部分。序ノ舞など。(二一六ページ参照)。能の演出は、どのような能面を選ぶかによって決められるが、どういう舞を舞うかが曲の性格を決める。

夢幻能

異次元またはあの世の人間が訴えかける能。前段は化身で現れ、後の場で在りし日を物語るものは複式夢幻能と呼ばれる。

闌《らん》曲《ぎょく》

きわめて難しい独立した謡い物。世阿弥用語としては、他を超越した枯淡な音曲。闌《たけ》たる位とは、超絶した芸境を意味する。

力動《りきどう》の鬼

力動は、地獄の鬼のような純然たる鬼である。砕動《さいどう》の鬼は、人間が変身した鬼を言う。鬼の芸能は世阿弥の属する大和申楽の表芸だったが、なぜか最晩年の世阿弥は「力動なんどは他流のこと」と、否定的になっている。

ワキ

シテが詩の中のキャラクターを演ずるとすれば、ワキはそれを助ける現世《うつしよ》の人物である。現実の男性のみを演ずる専門職。室町末期にはシテ方から独立したとされる。下掛り宝生流、福王流、高安流がある。

萬歳《ばんぜい》千秋と舞い納めて。獅子の座にこそ直りけれ

「石橋」左より　清水義也　山階彌右衛門　観世芳伸　松木千俊

増田正造（ますだ しょうぞう）

一九三〇年生まれ。能研究家。武蔵野大学名誉教授。同大学の能楽資料センター設立以来長く主任を務める。著書に『能の表現―その逆説の美学』（中公新書）、『能と近代文学』（平凡社。観世寿夫記念法政大学能楽賞）等、共著に『OMOTE―観世宗家能面集』（檜書店）、『黒川能の世界』（平凡社）ほか著作多数。DVD作品に「狂言」（サン・エデュケーショナル。文部大臣賞）、「能の華」（東映CM）、「増田教授のバリ島まるかじり」（日本伝統文化振興財団）。

世《ぜ》阿《あ》弥《み》の世《せ》界《かい》

集英社新書〇七八七F

二〇一五年五月二〇日　第一刷発行

著者……増田正造《ますだしょうぞう》

発行者……加藤　潤

発行所……株式会社集英社

東京都千代田区一ツ橋二-五-一〇　郵便番号一〇一-八〇五〇

電話　〇三-三二三〇-六三九一（編集部）
〇三-三二三〇-六〇八〇（読者係）
〇三-三二三〇-六三九三（販売部）書店専用

装幀……原　研哉

印刷所……凸版印刷株式会社

製本所……ナショナル製本協同組合

定価はカバーに表示してあります。

ISBN 978-4-08-720787-3 C0274

Printed in Japan

a pilot of wisdom

a pilot of wisdom

集英社新書　好評既刊

亡国の集団的自衛権
柳澤協二　0774-A

戦争の現実を知る元防衛官僚が、「立憲主義」への挑戦ともいうべき現政権の安保政策を徹底批判する！

アウトサイダーの幸福論
ロバート・ハリス　0775-C

一度きりの人生を楽しむために必要なこととは何か？アウトサイダーが伝授する、路上と放浪の人生哲学。

なぜ『三四郎』は悲恋に終わるのか――「誤配」で読み解く近代文学
石原千秋　0776-F

近代文学の名作の多くはなぜ「悲恋小説」なのか？「誤配」という概念を用いてその理由の新解釈に挑む。

資本主義の克服　「共有論」で社会を変える
金子　勝　0777-A

資本主義社会で生き抜く術を、個人の尊厳を担保する制度やルールの「共有」に見出す、著者の新たな提言。

刑務所改革　社会的コストの視点から
沢登文治　0778-B

明治以来、不合理なシステムを放置してきた刑務所。社会に資する、あるべき姿を模索する。

F1ビジネス戦記　ホンダ「最強」時代の真実
野口義修　0779-H

ホンダ最盛期に最前線で奮闘した著者が、F1ビジネスにまつわる熾烈な「戦い」の顛末を綴る。

荒木飛呂彦の漫画術
荒木飛呂彦　0780-F

「漫画は最強の『総合芸術』」と言い切る『ジョジョの奇妙な冒険』の作者が、漫画の描き方を初めて伝授！

進みながら強くなる　――欲望道徳論
鹿島　茂　0781-C

「未経験の分野への挑戦は見切り発車で始めるから力がつく！」。欲望から道徳を創り出すその方法を公開。

科学の危機
金森　修　0782-C

古典的規範の崩壊により、いま危機に瀕している「科学」。その問題の核心を突く、画期的論考。

腸が寿命を決める
澤田幸男／神矢丈児　0783-I

免疫システムの約八〇％を担うことが解明された「腸」のメカニズムと、新たな病気の予防法を詳しく解説！

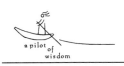